Bereicherung ohne Rechtfertigung durch Gesellschaftsvertrag

von

Dr. jur. Jürgen Rödig

Köln

1972

J. Schweitzer Verlag Berlin

ISBN 3 8059 0271 9

Satz: Studio Feldafing – Druck: W. Hildebrand, Berlin

INHALTSVERZEICHNIS

I. Einleitung

1. Von der faktischen* zur fehlerhaften Gesellschaft

Die Mitglieder einer Personalgesellschaft sind nach dem Gesetz verpflichtet, „die Erreichung eines gemeinsamen Zweckes" auf die vereinbarte Weise „zu fördern, insbesondere die vereinbarten Beiträge zu leisten" (§ 705 BGB, ggf. i.V.m. §§ 105 II oder 161 II, 105 II HGB). Das Gesetz bestimmt indessen nicht allein den Inhalt des Schuldverhältnisses. Das Gesetz sagt auch, wie das Schuldverhältnis entsteht. Es entsteht „durch den Gesellschaftsvertrag", also durch *Vertrag*; jedoch nach Ansicht Haupts kommen Gesellschaftsverhältnisse auch anders als aufgrund Vertrages, nämlich durch „tatsächliche Vorgänge"[1], zustande. Erweise sich der Gesellschaftsvertrag nach einem vielleicht Jahre hindurch dauernden gesellschaftlichen Zusammenwirken der Beteiligten als von Anfang an nichtig, so sei gleichwohl „nun einmal ein verbandsrechtlicher Zusammenschluß gebildet". Die Gesellschaft sei „faktisch vorhanden". Sie könne rechtlich „nicht ignoriert, sondern nur für die Zukunft beendet werden", und es reiche die tatsächliche Verwirklichung der gesellschaftsrechtlichen Zweckgemeinschaft aus, „um zunächst die Vereinigung zu tragen und die Anwendung des Gesellschaftsrechts sowohl im Innen- wie im Außenverhältnis zu begründen"[2].

Der „faktischen Gesellschaft" geht, was die Lehre Haupts betrifft, das „faktische Vertragsverhältnis" wie das Allgemeine dem Besonderen voraus; die faktische Gesellschaft stellt nur eine Erscheinungsform des faktischen Vertragsverhältnisses dar, nämlich ein solches „kraft Einordnung in ein Gemeinschaftsverhältnis"[3]. Dogmengeschichtlich ist die Reihenfolge umgekehrt. Was die faktische Gesellschaft anbelangt, so hatte Haupt nicht allein an die Rechtsprechung des RG[4], sondern vor allem an die frühere Lehre W. Sieberts[5] anknüpfen können.

---

* Die nachfolgende Abhandlung ist das Ergebnis der Umarbeitung sowie der Erweiterung eines durch Herrn Prof. Dr. Rittner, Freiburg i.Br., angeregten und im Wintersemester 1968/69 in seinem handels- und wirtschaftsrechtlichen Seminar gehaltenen Vortrags über „Die sogenannte faktische Gesellschaft". Ich schulde Herrn Prof. Dr. Rittner für zahlreiche Hinweise, die er mir damals im Hinblick auf eine Weiterführung meiner Arbeit gab, herzlichen Dank.

1 G. Haupt, Über faktische Vertragsverhältnisse, in: Festschr. der Leipziger Juristenfakultät für H. Siber, Bd. 2, 1943, S. 5 ff. (9).

2 Vgl. Anm. 1, S. 17 f.

3 Siehe Anm. 1.

4/5 Siehe Seite 2

---

4 Das RG entschied zunächst, die Erklärung des Beitritts zu einer Kapitalgesellschaft oder einer Genossenschaft könne nach deren Eintragung ins Handelsregister nicht mehr wirksam angefochten werden; in weiteren Entscheidungen schloß es überdies die Berufung auf Nichtigkeit aus (vgl. RGZ 123, 102 (107) m.Z.). Das RG wertete die Erklärung des Beitritts als Erklärung an die Allgemeinheit (vgl. insoweit bereits RGZ 2, 130 [132]), und es zog die Lehre von der Juristischen Person zur Begründung heran: Der Gesellschaft oder auch Genossenschaft werde mit ihrer Eintragung ins Handelsregister eine u.a. durch ihr Kapital bestimmte Rechtspersönlichkeit zuteil; auf diese Rechtspersönlichkeit, folgerichtig auch das Kapital, müsse der Verkehr vertrauen dürfen (siehe vor allem RGZ 127, 186 [191]). In einer Entscheidung vom 6.5.1932 (JW 1933, 1996) wendete das RG die für Kapitalgesellschaften und eingetragene Genossenschaften entwickelten Grundsätze auch auf die Gesellschaft des Bürgerlichen Rechts mit der Maßgabe an, „daß an Stelle des Zeitpunktes der Eintragung ins Handelsregister der Beginn der Tätigkeit der Gesellschaft tritt". Was freilich das Verhältnis der Gesellschafter untereinander betrifft, so hatte es das RG bislang beim allgemeinen Bürgerlichen Recht belassen (vgl. ausdrücklich JW 1927, S. 1242). In einem Urteil vom 5.3.1935 (JW 1935, 2617) gab es auch diese Einschränkung auf. Der Beklagte hatte den jährlichen Umsatz des Unternehmens mit Absicht höher angegeben, als er tatsächlich war. Es war dem Beklagten gelungen, den Kläger auf diese Weise dazu zu bestimmen, sich mit einer besonders hohen Einlage an einer auf den Betrieb dieses Unternehmens gerichteten OHG zu beteiligen. Der Kläger focht den Beitritt nach fast einem Jahr wegen arglistiger Täuschung an. Er erhob Klage mit dem Antrag, den Beklagten zu verurteilen, die Einlage zurückzuerstatten. Der 2. Senat des RG erkannte, es bleibe auch „im Verhältnis der Gesellschafter zueinander" „der nichtige Gesellschaftsvertrag, wenn er bereits in Vollzug gesetzt war, nicht ohne jede Wirkung. Es kann an der Tatsache nicht vorbeigegangen werden, daß der nichtige Gesellschaftsvertrag, der bereits in Vollzug gesetzt war, jedenfalls *tatsächlich* ein Gemeinschaftsverhältnis unter den Gesellschaftern begründet hat, dessen Lösung in aller Regel nur im Wege der Auseinandersetzung herbeigeführt werden kann . . ."; dem Kläger wurde demzufolge lediglich das Recht auf den sich für ihn aus der Auseinandersetzung ergebenden Überschuß zuerkannt. Was der Senat in seinem Urteil vom 5.3.1935 nur anklingen ließ, das sprach er in einer Entscheidung vom 13.11.1940 (RGZ 165, 193 [204]) ausdrücklich und grundsätzlich aus: Sei eine OHG oder eine KG ins Leben getreten, so seien „damit Rechtstatsachen geschaffen, die als solche in aller Regel nach außen hin aus Gründen des Rechts und der Verkehrssicherheit nicht mehr ungeschehen gemacht werden und deshalb auch nicht unbeachtet bleiben können". Auch im Innenverhältnis könne nicht daran vorbeigegangen werden, daß „die Gesellschaft . . . – unter Umständen geraume Zeit – gelebt hat und damit zahlreiche Rechtstatsachen geschaffen sind, die sich fortlaufend gerade auch auf das Innenverhältnis auswirken sollten, und zwar so, wie es der Gesellschaftsvertrag vorsah" (S. 205). Die Auflösung der Gesellschaft nach Bereicherungs-, Geschäftsführungs- oder auch Gemeinschaftsrecht würde zu „kaum lösbaren Schwierigkeiten", zu „größter Rechtsverwirrung" und zu „durchaus unbilligen Ergebnissen" führen. Willensmängel sollten demzufolge „nur in der Rechtsform der Auflösung aus wichtigem Grund nach Maßgabe der §§ 133 flg. HGB Beachtung finden können" (S. 205 f.), und lediglich den Tatbestand der Anfechtbarkeit oder der – ursprünglichen – Nichtigkeit der Beitrittserklärungen oder auch des Gesellschaftsvertrages sah das RG als „wichtigen Grund" i.S.d. § 133 I, II HGB nicht an.

5 Die „faktische" Gesellschaft, in: Festschr. f. Hedemann, 1938, S. 266 ff.

Siebert[6] zog seinerseits das ausländische, namentlich französische, Privatrecht zu Rate. Schon Hémard[7] beispielsweise fand, es sei Geschehenes nicht einfach ungeschehen zu machen; der Gesellschaft von Rechts wegen („société de droit") stellte der namhafte französische Jurist die Gesellschaft kraft tatsächlicher Gegebenheiten entgegen: „Comme elle [d.i. die Gesellschaft auf mangelhafter Vertragsgrundlage] a vécu, fonctionné, son passé doit être maintenu; faute d'être une société de droit, elle est une société de fait."

Der Terminus „faktische Gesellschaft", wie Siebert ihn sodann verwendete, scheint allerdings zunächst nur ein sprachliches Analogon von „société de fait" oder auch eines entsprechenden italienischen Ausdrucks gewesen zu sein. Gerade Siebert[8] wurde nicht müde, sich von der „faktischen Gesellschaft" als einem faktischen Verhältnis mit dem Range eines Rechtsverhältnisses zu distanzieren. Siebert löste die Probleme freilich auf eine besondere Art, nämlich auf dem Boden seiner, wie er sagte, „eigentümlich unternehmens- und verbandsrechtlichen Betrachtungsweise"[9]. Siebert nahm nicht nur die „faktische", sondern – wie übrigens bereits Otto v. Gierke[10] – auch die regelrechte Gesellschaft vom allgemeinen Vertragsrecht aus; der rechtliche Bestand der Gesellschaft wird an die gesellschaftsrechtliche Zusammenarbeit als solche geknüpft[11].

Die Lehre Sieberts hat mit der Lehre Haupts immerhin die Relativierung des Vertragsprinzips gemein. Beide Autoren lassen Schuldverhältnisse, welche laut Gesetz einen Vertrag zwischen den Beteiligten zur Voraussetzung haben, auch ohne vertragliche Grundlage entstehen. Sieht man die Dinge so, dann ist es in der Tat nur noch ein kleiner Schritt, die faktische Gesellschaft hinsichtlich ihrer „Rechtsnatur" mit weiteren faktischen Vertragsverhältnissen auf einen Nenner zu bringen. Diese Konzeption liegt noch den Schriften neuerer Autoren[12], und zwar vor allem einer stark rechtstheoretisch orientierten

---

6 Anm. 5, insbes. S. 271 ff.

7 Théorie et pratique des nullités de sociétés et des sociétés de fait, 2. Aufl. 1926, n. 352.

8 „Wenn dem rechtlichen Verhältnis ein faktisches Verhältnis gegenübergestellt wird, so wird dieses letztere damit jeder Rechtserheblichkeit, jeder ordnungsbestimmten Wesenheit entkleidet . . ." (BGB-System und völkische Ordnung, Deutsche Rechtswissenschaft, 1936, S. 243; a.a.O. auch zahlr. rechtsvergl. Nachw.).

9 Anm. 5, S. 266, 287 ff.

10 Hinsichtlich Otto v. Gierkes Lehre vom „sozialrechtlichen Konstitutivakt", den v. Gierke aus der allgemeinen Rechtsgeschäfts- und Vertragslehre (mithin auch aus den allgemeinen Bestimmungen über Nichtigkeit und Willensmängel) ausnehmen möchte, vgl.: Das Wesen der menschlichen Verbände, 1902, S. 16 ff.

11 Gegen diese Ansicht Sieberts treffend etwa Erman, Personalgesellschaften auf mangelhafter Vertragsgrundlage, 1947, S. 12 f.

12 Mißverständlich auch noch Siebert, Faktische Vertragsverhältnisse, 1958, S. 49, Fn. 159; 53.

Arbeit von Simitis[13], zugrunde. Auch Simitis faßt „die Betätigung als essentielles Moment der faktischen Gesellschaft"[14] auf; wie die faktischen Gesellschaften insbesondere[15], so werden allgemein die faktischen Vertragsverhältnisse auf eine in rechtsmethodologischer Hinsicht bemerkenswerte Weise als Beispiele für den Wandel der sozialen *Funktion* von *formal* konstanten Rechtsinstituten betrachtet[16].

Für die heute wohl vorherrschende Auffassung ist ein eher praktisch-pragmatischer Standpunkt charakteristisch. Kritik erfährt insbesondere die Behandlung der faktischen Vertragsverhältnisse in dem Sinn, als handle es sich um eine übergeordnete Kategorie. Die Einordnung der faktischen Vertragsverhältnisse habe, so sagt Robert Fischer[17], „unheilvolle Verwirrung gestiftet". Auch die faktische Gesellschaft setze, wie insbesondere der BGH in einer Entscheidung aus dem Jahr 1953 hervorhebt, einen Gesellschaftsvertrag voraus (BGHZ 11, 190 [191])[18]; als problematisch pflegt neuerdings weniger die Notwendigkeit des Gesellschaftsvertrags als vielmehr die Möglichkeit angesehen zu werden, die Folgen seiner Nichtigkeit zu begrenzen[19].

---

13 Die faktischen Vertragsverhältnisse, 1957.

14 Anm. 13, S. 234.

15 Anm. 13, etwa S. 223.

16 Anm. 13, etwa S. 67. – Von rechtstheoretischem Interesse ist insbesondere der von Simitis verwendete Begriff der „Form" eines Rechtsinstituts. Simitis interpretiert den Terminus „Form" als jeweils einen Inbegriff einschlägiger rechtlicher Normen. Unter den genannten Normen wird natürlich mehr zu verstehen sein als jeweils eine bestimmte Art einer geordneten Menge sprachlicher Elemente wie beispielsweise einer geordneten Menge von Häufchen getrockneter Druckerschwärze. Mit den ein Rechtsinstitut formal definierenden Normen sind vielmehr ersichtlich bereits die Bedeutungen rechtlicher Sätze gemeint, mithin bereits die Resultate von Auslegungsprozessen. Während nun aber zur Auslegung eines Rechtssatzes auch dessen Verständnis nach teleologischen Gesichtspunkten gerechnet zu werden pflegt, hätte man sich bei der Bestimmung der Form eines Rechtsinstituts auf eine streng subjektive – im Grundsatz der philologischen entsprechende – Auslegungsmethode zu beschränken. Andernfalls ginge bereits in die *Form* des Rechtsinstituts jene Dynamik ein, durch welche Simitis seine *Funktion* charakterisiert. Auf die in vieler Hinsicht aufschlußreiche Parallelität der Unterscheidung von Form und Funktion des Rechtsinstituts mit der Unterscheidung zwischen subjektiver und objektiver Auslegung kann hier nicht näher eingegangen werden. Es soll vielmehr bei einer Formulierung des in dieser Studie vorgenommenen Versuchs mit Hilfe der von Simitis benutzten Kategorien bewenden: Es handelt sich darum, inwieweit bereits eine Analyse der „Form" des Rechtsinstituts der fehlerhaften Gesellschaft die Berücksichtigung funktionaler Gesichtspunkte gestattet.

17 In Großkomm. z. HGB[3], Bem. 74 zu § 105; vgl. auch a.a.O., Bem. 77.

18 Vgl. auch BGHZ 26, 330 (333). Die Abweichung der Entscheidung BGHZ 17, 299 (302) – 2. Senat – ist laut Robert Fischer (vgl. oben Anm. 16, Fn. 73) für die Auffassung des BGH „nicht repräsentativ".

19 Vgl. Hueck, Das Recht der Offenen Handelsgesellschaft, 4. Aufl., 1971, §§ 5 III, 7.

Richtungweisend sind insoweit insbesondere die Analysen Huecks[20] und Ermans[21] gewesen. Mit der Ersetzung des Ausdrucks „faktische Gesellschaft" durch den Ausdruck „fehlerhafte Gesellschaft", zu der sich 1964 auch der BGH[22] entschlossen hat, scheint die faktische Gesellschaft endgültig begraben zu sein.

2. Aufgabenstellung

Der Ausdruck „faktische Gesellschaft" ist in der Tat, wie wir noch sehen werden, durchaus undeutliche Assoziationen hervorzurufen geeignet. Die Ersetzung des Ausdrucks durch den Terminus „fehlerhafte Gesellschaft" ist zu begrüßen. Mit dem terminologischen Fortschritt geht nun aber nur teilweise ein Fortschritt in der rechtlichen Begründung einher. Zahlreiche der für die Lehre von der faktischen Gesellschaft charakteristischen Vorstellungen sind noch heute lebendig. Nach wie vor pflegt auf die Schwierigkeiten bereicherungsrechtlicher Abwicklung hingewiesen zu werden[23] – ein um so

20 Vgl. die Vorauflagen des in Anm. 18 genannten Werkes; ferner: Mängel des Gesellschaftsvertrages, AcP 149, S. 1 ff.

21 Vgl. Anm. 10.

22 WM 1964, 629 (630) = LM Nr. 19 zu § 105 m. Anm. Fischer.

23 Vgl. etwa Esser, Schuldrecht, Bd. 2, Besonderer Teil, 3. Aufl. 1969, § 96 V 1. – Bydlinski (Privatautonomie und objektive Grundlagen des verpflichtenden Rechtsgeschäfts, 1967, S. 146 f.) sieht den Gesichtspunkt der Unkompliziertheit objektiven Rechts sogar als ein Element der Verkehrssicherheit an. Laut Bydlinski erlangt „der Gedanke der leicht handzuhabenden Lösung – also der Verkehrssicherheit in diesem Sinne – . . . um so mehr Bedeutung, je schwieriger die den sonst anerkannten sachlichen Grundsätzen entsprechende Lösung wird; je mehr Mühe aufgewendet werden muß, um zu einem sachlich richtigen Ergebnis zu gelangen, das überdies trotz allen Aufwandes unsicher bleiben kann". Es scheint mir demgegenüber kaum zweckmäßig zu sein, den Schutz des gutgläubigen Verkehrs, wie er sich beispielsweise beim Vertrauen in die Existenz einer de facto gar nicht abgegebenen wertpapierrechtlichen Erklärung bewährt, mit der Durchsichtigkeit des diesen Schutz erst statuierenden Rechts auf eine Stufe zu stellen. Die Verkehrssicherheit in Gestalt des Schutzes des Vertrauens in den Schein von Rechtsverhältnissen hat mit der Vorliebe des Verkehrs für möglichst leicht zu durchschauende Rechtsvorschriften wenig zu tun. Was den zuletzt genannten Gesichtspunkt betrifft, so ist vielmehr an die Orientierungssicherheit als an eine Erscheinungsform der *Rechtssicherheit* zu denken (siehe hierzu Geiger, Vorstudien zu einer Soziologie des Rechts. 2. Aufl. 1964, S. 64; Henkel, Einführung in die Rechtsphilosophie, 1964, S. 335 ff.). Der Gedanke der Orientierungssicherheit ist indessen vorwiegend im Sinne einer an die Verfasser von Gesetzen gerichteten Aufforderung zu verstehen. Die Kompliziertheit eines bereits gesetzten Rechts dürfte nur unter präzise zu formulierenden Voraussetzungen ein rechtfertigender Grund für seine Nichtanwendung sein. Zurückhaltung ist insbesondere im Hinblick auf die These geboten, es verhalte sich der Grad der Maßgeblichkeit einer Vorschrift zur Leichtigkeit ihrer Anwendung umgekehrt proportional. Dies gilt

mehr verwunderlicher Einwand, als doch beispielsweise das Hypothekenrecht anerkanntermaßen nicht schon ob seiner Kompliziertheit unangewendet zu bleiben verdient. Nach wie vor wird davor gewarnt, Geschehenes ungeschehen zu machen; so heißt es immer wieder, es bedürfe der Ersetzung von Nichtigkeitsfolgen ex tunc durch die „Vernichtung" der Gesellschaft mit Wirkung ex nunc[24]. Was namentlich die rechtliche Beurteilung von Einzelheiten anbelangt, so ist zwar, wie erwähnt, an die Stelle des Ausdrucks „faktische Gesellschaft" der Ausdruck „fehlerhafte Gesellschaft" getreten. Wir haben es jedoch, wenn wir dem Schrifttum folgen, mit keiner beliebigen fehlerhaften Gesellschaft, sondern mit einer – wie es auffallend häufig heißt[25] – *„sachgerecht zu behandelnden"* fehlerhaften Gesellschaft zu tun. Die Normen sollen nach wie vor dem Faktum entsprechen, jedoch um eine Auskunft dahin, welche Normen denn das Faktum auf sich angewendet wissen wollen, ist man verständlicherweise verlegen.

Robert Fischer[26] sagt mit Recht, es gingen „die Ansichten im Schrifttum über den Umfang der Anerkennung fehlerhafter Gesellschaften weit auseinander", und man habe sich „über die *Begründung*[27] der Lehre von der fehlerhaften Gesellschaft" bisher nicht einigen können. Fischer gibt demgegenüber zu erwägen, ob man im Hinblick auf fehlerhafte Personalgesellschaften nicht besser daran getan hätte, bei der fehlerhaften Personalgesellschaft so relativ „untheoretisch" wie in dem ähnlich liegenden Fall der fehlerhaften Kapitalgesellschaft zu verfahren, sich nämlich mit der „Angemessenheit" der (wie auch immer erzielten?) Ergebnisse zu begnügen[28]. Dem Vorschlag Fischers ist jedoch nicht beizupflichten.

Mit der „Angemessenheit", der „Sachgerechtigkeit" oder auch der „Interessengerechtigkeit" eines Ergebnisses ist im Grunde nichts anderes als die Befriedigung des Rechtsgefühls des Entscheidenden gemeint. Was insbesondere die „Interessengerechtigkeit" der Lösung betrifft, so tritt sie nicht etwa

nicht nur für die Leichtigkeit der Anwendung einer Vorschrift im Sinne der Unkompliziertheit des Verstehens ihres Inhalts. Es gilt auch für die Mühsamkeit der sich aufgrund der – leicht oder schwer verständlichen – Vorschrift als notwendig erweisenden Schritte. Daß es bei dem durch List oder Zwang ausgelösten Dauerschuldverhältnis doch auf die gesetzliche Lösung ankommen soll, daß man sich also „den Schwierigkeiten stellen" (a.a.O., S. 147) müsse, läßt die Ansicht Bydlinskis schwerlich als überzeugender erscheinen. Auch auf die Beachtlichkeit von List oder Zwang ist nur aufgrund der gesetzlichen Regelung zu schließen. – Was das durch List oder Zwang ausgelöste Dauerschuldverhältnis betrifft, so ist der Ansicht Bydlinskis freilich im Ergebnis beizupflichten.

24 Vgl. oben Anm. 17, Bem. 78

25 Vgl. etwa Anm. 23, § 96 V.

26 Vgl. oben Anm. 17, Bem 74 a.A.

27 Hervorhebung vom Verf.

28 Oben Anm. 17, Bem. 77.

aufgrund der Befriedigung der Interessen der *an dem Rechtsfall Beteiligten* ein; deren Interessen sind gewöhnlich gerade nicht zugleich zu erfüllen, und die Entscheidung des Falles kommt erst durch eine an objektivem Recht oder auch am Rechtsgefühl des Entscheidenden orientierte Interessen*begrenzung* zustande[29]. Nun kann es durchaus richtig sein, in gewissen Entscheidungssituationen, etwa im Fall der Einräumung von Ermessen, dem Rechtsgefühl zu vertrauen. Doch in einer Rechtsgemeinschaft, die wenigstens im Grundsatz anerkennt, daß Gesetze binden, können allein die „Angemessenheit", die „Sachgerechtigkeit" oder auch die „Interessengerechtigkeit" nicht die einzigen Kriterien von rechtlichen Beurteilungn sein. Die Lösung eines Falles hat sich vielmehr so weit als möglich am Gesetz zu orientieren, und dies aus gutem Grund. Gerade die Orientierung am Gesetz ist in relativ hohem Maße die gleiche Behandlung gleicher Fälle und jedenfalls insoweit Gerechtigkeit[30] zu verbürgen geeignet. Nun brauchen Abweichungen vom Gesetz nicht schlechthin unzulässig zu sein. Jedoch auch diese Abweichungen sind, und zwar gerade um der Gleichheit der Behandlung gleicher Fälle willen, mit dem Gesetz nach Möglichkeit auf einen gemeinsamen systematischen Nenner zu bringen. Eingriffe in die gesetzliche Ordnung sollen einerseits nicht weiter reichen, als es ihrer bedarf; es sei insoweit vom Grundsatz des „geringstmöglichen Gesetzeseingriffs" die Rede. Auf der anderen Seite kommt es darauf an, die im Gesetz schon angelegten Wertungsmöglichkeiten soweit als möglich auszuschöpfen.

Legt man diese Maßstäbe an, so ist auch auf dem Gebiet der „fehlerhaften" Gesellschaft noch eine Menge Arbeit zu tun. Es handelt sich beispielsweise darum, ob das Mitglied einer in Vollzug gesetzten fehlerhaften Personalgesellschaft einen von ihm eingebrachten und noch in natura vorhandenen Gegenstand auch in natura erstattet verlangen dürfe. Haben zwei Kaufleute ihre Einzelhandelsgeschäfte im Rahmen einer OHG zusammengeschlossen und hat der eine den Zusammenschluß durch arglistige Täuschung des anderen über den Wert des eigenen Unternehmens erreicht[31], so erscheint es wenig

---

29 Nicht umsonst bestimmt v. Ihering das subjektive Recht als eine „zur Befriedigung schutzwürdiger Interessen eingeräumte Willensmacht" (Der Geist des römischen Rechts auf den Stufen seiner Entwicklung, Bd. IV 4 (1888), §§ 59 f.). Erst das *geschützte* Interesse ist das Substrat des subjektiven Rechts zu bilden geeignet, und der durch die öffentliche Gewalt zu gewährleistende Schutz der Interessen Privater setzt deren gegenseitige Abgrenzung notwendig voraus. Sich ausschließende Interessen können naturgemäß nicht gleichzeitig befriedigt werden.

30 Vgl. Radbruch, Rechtsphilosophie, 6. Aufl., 1963 (Hrsg. E. Wolf), S. 124 ff., 168 ff., 196 ff.; Vorschule der Rechtsphilosophie, 2. Aufl., 1959, S. 27. Hinsichtlich der allgemeinen Problematik des Beweises von Normen durch Gesetze vgl. meine demnächst erscheinenden Untersuchungen zur Struktur gerichtlicher Prozesse, § 63.

31 Oben Anm. 17, Bem. 94.

„sachgerecht", dem Getäuschten das von ihm eingebrachte Geschäft in natura vorzuenthalten, und dies selbst für den Fall, daß der Gesellschaftsvertrag eine abweichende Bestimmung enthält. Lehmann[32] behandelt den eindurcksvollen Fall, daß ein durch arglistige Täuschung zur Teilnahme am Abschluß eines Gesellschaftsvertrages veranlaßter Erfinder u.a. dazu bewogen worden ist, ein sein Lebenswerk bildendes Patent einzubringen; wiederum erscheint es trotz vollzogener Gesellschaft wenig „sachgerecht", das Patent zu versilbern und den Getäuschten mit einem Geldbetrag abzuspeisen. Oder es tun sich zwei Antiquitätenhändler zusammen, von denen der eine einen seit Jahren mit aller Sorgfalt gepflegten Old-Timer, und zwar eines der ersten Fahrzeuge aus der Werkstatt Ettore Bugattis, besitzt. Der Besitzer des „Bugatti" bringt das Fahrzeug in das Unternehmen ein, und das Fahrzeug kreuzt mit einem auf den neu eröffneten Antiquitätenhandel hinweisenden Schild durch Stadt und Land. Wiederum stellt sich eine arglistige Täuschung, und zwar zum Nachteil des ehemaligen Alleineigentümers des „Bugatti", heraus, und es wäre schwer verständlich, daß dieser bei der Versilberung des Fahrzeugs zuschauen müßte. Der Hinweis auf die „Sachgerechtigkeit"[33] der Lösung vermag in allen diesen Fällen um so weniger zu überzeugen, als es doch gerade die Gerechtigkeit der Sache war, die man zum Anlaß nahm, das „an sich" einschlägige Recht der ungerechtfertigten Bereicherung durch die sogenannten „gesellschaftsrechtlichen Grundsätze" zu ersetzen. Die Anwendung gesellschaftsrechtlicher Grundsätze ist nun aber eine Verpflichtung zur Naturalerstattung schwerlich zu begründen geeignet[34]. Wiederum ist es die „Sachgerechtigkeit", aufgrund derer man die soeben aus Gründen der Sachgerechtigkeit empfohlenen gesellschaftsrechtlichen Grundsätze *nicht* anzuwenden empfiehlt. Die Anwendbarkeit eines Rechtsinstituts scheint mithin weniger eine Funktion der Subsumierbarkeit des zu beurteilenden Sachverhalts unter die Tatbestände der einschlägigen Normen als vielmehr von der Befriedigung des Rechtsgefühls durch die in diesen Normen ausgesprochenen Rechtsfolgen abhängig zu sein. Die für den Aufbau einer Norm charakteristische Abhängigkeit des Eintritts der Rechtsfolge von der Erfüllung des Tatbestandes scheint nur noch eine untergeordnete Rolle wahrzunehmen. Wir wollen demgegenüber einige Vorschläge für eine engere Anlehnung der Behandlung der fehlerhaften Gesellschaft an die gesetzliche Ordnung zu machen versuchen[35], und zwar in der Hoffnung, auch mit einigen auf *diese* Weise gewonnenen Resultaten „im Ergebnis" überzeugen zu können.

32 Gesellschaftsrecht, 2. Aufl., 1959, S. 42; vgl. auch Lehmann-Dietz, Gesellschaftsrecht, 3. Aufl., 1970, S. 52.

33 Im Ergebnis freilich treffend Erman, Anm. 11, S. 81.

34 Vgl. Anm. 19, S. 477.

35 Methodisch vorbildlich insoweit Erman, Anm. 11, S. 48 f.

II. Vordogmatische Fragen

Die Lehre von der faktischen Gesellschaft bildet ohne Zweifel, und zwar ungeachtet ihrer Schwächen, eine der faszinierendsten Phasen der Deutschen Privatrechtsgeschichte der ersten Hälfte dieses Jahrhunderts. Das Verfahren, welches Viehweg[36] 1953 „Topik" nennt[37], wird der Sache nach so drastisch praktiziert, daß man Viehweg, falls er das Verfahren weniger empfehlen als vielmehr beschreiben wollte, nur recht geben kann. Man war der Ansicht, insbesondere der in Vollzug gesetzten fehlerhaften *Personal*gesellschaft mit der gesetzlichen Regelung nicht mehr gerecht werden zu können, und man führte nunmehr Gesichtspunkte ins Treffen, die im Rahmen einer juristischen Argumentation als ebenso überraschend wie auf den ersten Blick unangreifbar erscheinen. Daß an Fakten nicht vorbeizugehen sei, wird niemand bestreiten. Daß man Geschehenes nicht ungeschehen machen könne, leuchtet nicht minder ein. Beruht das in Vollzug gesetzte Unternehmen auf einem nach den allgemeinen Vorschriften anfechtbaren Gesellschaftsvertrag, so scheint mithin die Ersetzung der sich infolge Anfechtung „an sich" ex tunc ergebenden Nichtigkeit (§ 142 I BGB) durch bloße Vernichtbarkeit eine sachlogisch zwingende Folge zu sein.

Die Diskussion von Topoi der genannten Art ist um so dringender am Platz, als man sich ihrer großenteils – wenn auch nur noch von „fehlerhafter" anstatt von „faktischer" Gesellschaft sprechend – noch heute bedient (I).

1. Zum Gegensatz von „Vertragsschluß" und „tatsächlichem Vorgang"

Haupt meinte in der Tat, dem „Vertragsschluß" den „tatsächlichen Vorgang" entgegensetzen zu können. Er hat diesen Gegensatz mehrfach[38], teilweise explizit, formuliert; so kommen beispielsweise gewisse Vertragsverhältnisse „nicht durch Vertragsschluß, sondern durch tatsächliche Vorgänge zustande"[39].

Irreführend ist es freilich, daß man unter dem Wort „Gesellschaft" je nach Zusammenhang grundverschiedene Dinge versteht. Der Ausdruck steht teils für den *räumlich-zeitlichen Vorgang* des Zusammenwirkens mehrerer Personen zur „Erreichung eines gemeinsamen Zweckes" (vgl. § 705 BGB). Der

---

36 Topik und Jurisprudenz, 3. Aufl., 1965

37 Hinsichtlich der methodologischen Einordnung der juristischen Topik vgl. Rödig, Die Denkform der Alternative in der Jurisprudenz, 1969, §§ 9.1, 9.2.

38 Vgl. Anm. 1, etwa S. 5 f., 8 f., 18.

39 Vgl. Anm. 1, S. 8 f.

Ausdruck steht ferner für den Inbegriff der diesen Vorgang im Lauf der Zeit jeweils ordnenden Rechte und Pflichten; es handelt sich um ein *„Rechtsverhältnis“* in annähernd dem durch v. Savigny[40] geprägten Sinn dieses Wortes, nämlich um das Ergebnis der kontinuierlichen Anwendung des objektiven Rechts auf den genannten Vorgang. Wenn etwa § 723 I 1 BGB von der Möglichkeit spricht, die Gesellschaft zu kündigen, oder wenn § 726 BGB die Gesellschaft aufgrund des Eintritts der Unmöglichkeit der Erreichung ihres Zwecks endigen läßt – man vergleiche insoweit die parallelen Vorschriften der §§ 306, 323 bis 325 BGB –, dann ist in beiden Fällen unter „Gesellschaft“ weniger die Tatsache des Zusammenwirkens als vielmehr das die Verpflichtung zum Zusammenwirken verkörpernde Rechtsverhältnis verstanden. Es ist andererseits ohne Sinn, die Geschäfte eines Rechtsverhältnisses zu führen, und wenn etwa in § 709 I Hs. 1 BGB von der Führung der Geschäfte der Gesellschaft die Rede ist, dann haben wir es mit der „Gesellschaft“ als einem tatsächlichen Vorgang oder doch dem tatsächlichen Bezugspunkt eines Vorgangs zu tun.

Wie es schließlich naheliegt, jeweils vom Vertrag zu den sich daraus ergebenden Rechtswirkungen – zum „Vertragsverhältnis“ – überzugehen, ebenso ist man umgekehrt drittens unter der „Gesellschaft“ den *Gesellschaftsvertrag* zu verstehen versucht; mißverständlich heißt es übrigens auch in Art. 1832 Code Civil: „La société est un contrat par lequel deux ou plusieurs personnes conviennent de mettre quelque chose en commun . . .“.

Der Gesellschaftsvertrag ist scharf vom Gesellschaftsbetrieb, beides ist scharf von dem sich durch die Anwendung des objektiven Rechts auf den Gesellschaftsvertrag ergebenden und den Gesellschaftsbetrieb regelnden gesellschaftsrechtlichen Rechtsverhältnis zu scheiden. Was freilich das Verhältnis von Gesellschaftsvertrag und Gesellschaftsbetrieb anbelangt, so handelt es sich

---

40 V. Savigny geht aus vom „Recht“ im subjektiven Sinn („die der einzelnen Person zustehende Macht: ein Gebiet, worin ihr Wille herrscht, und mit unserer Einstimmung herrscht“), und er findet dessen tiefere Grundlage erst im „Rechtsverhältnis“, „von welchem jedes einzelne Recht nur eine besondere, durch Abstraktion ausgeschiedene Seite darstellt . . .“ (System des heutigen Römischen Rechts, 1. Bd., 1940, S. 7). Wie dem – auf der „Gesamtanschauung des Rechtsverhältnisses“ (S. 7) beruhenden – Urteil über das einzelne Recht das Rechtsverhältnis, so entspricht laut v. Savigny der „Rechtsregel“ das „Rechtsinstitut“. Jedes Rechtsverhältnis stehe „unter einem Rechtsinstitut, als seinem Typus . . .“ (S. 8). Sowohl das Rechtsverhältnis als auch das einzelne subjektive Recht kommen – im Gegensatz zu Rechtsregel und Rechtsinstitut – jeweils erst durch Anwendung von objektivem Recht (also von Rechtsregeln) auf Sachverhalte zustande. Das einzelne Recht geht aus dem Rechtsverhältnis nicht durch Abstraktion hervor. Das Rechtsverhältnis ist vielmehr als Inbegriff von sich im Lauf der Zeit kontinuierlich ergebenden subjektiven Rechten und Pflichten zu begreifen, und das einzelne subjektive Recht verhält sich zum Rechtsverhältnis wie das Element zur (geordneten) Menge.

in beiden Fällen gleichermaßen um Fakten. Es stellt insbesondere der Vertragsschluß einen durch Raum und Zeit bestimmbaren Sachverhalt dar. Jedoch gerade deshalb ist es ohne Sinn, eine Rechtsbeziehung „nicht durch Vertragsschluß, sondern durch tatsächliche Vorgänge" zustande kommen zu lassen. Wir haben es, was nicht genug betont werden kann, in beiden Fällen mit Fakten zu tun, und problematisch ist in Wirklichkeit, *ob das eine Faktum rechtlich wie das andere gewertet werden könne*[41].

Die etwa im BGB enthaltenen Rechtssätze setzen sich jeweils aus einem Tatbestand sowie aus einer entsprechend abstrakt gefaßten Rechtsfolge zusammen. Jeder Tatbestand stellt das Ergebnis einer Abstraktion von konkreten Sachverhalten dar. Er ist, mit anderen Worten, eine Verallgemeinerung von Fakten. Sofern das Gesetz an verschiedene Tatbestände verschiedene Rechtsfolgen knüpft, werden folgerecht die diesen Tatbeständen entsprechenden Fakten rechtlich verschieden gewertet. Was insbesondere das Zustandekommen des *gesellschaftsrechtlichen* Rechtsverhältnisses betrifft, so werden durch das Faktum des fehlerfrei abgeschlossenen Gesellschaftsvertrages andere Rechtsfolgen als an das Faktum des fehlerhaft oder überhaupt nicht abgeschlossenen Gesellschaftsvertrages geknüpft. Sofern man andere Fakten mit dem Faktum des fehlerfrei abgeschlossenen Gesellschaftsvertrages gleichzustellen beabsichtigt, muß man entsprechende Rechtssätze zu beweisen, insbesondere aus der gesetzlichen Regelung vermittels möglichst weniger Eingriffe (I) abzuleiten versuchen. Mit der Kontrastierung von „société de droit" und „société de fait"[42] wird eine diese Aufgabe durchaus verdunkelnde Vorstellung erweckt. Anders als durch die Vermengung von Gesell-

41 Mißverständlich ist insoweit insbesondere die Unterscheidung des tatsächlich nicht vorhandenen Willen vom tatsächlich zwar vorhandenen, rechtlich jedoch fehlerhaften Willen zum Vollzug eines Gesellschaftsverhältnisses (BGHZ 11, 190 [190 f.]). Unter die Normen des Vertragsrechts ist ein anderer als ein tatsächlicher Wille nicht subsumierbar. Es handelt sich, genau genommen, nicht einmal um die Subsumtion eines tatsächlichen *Willens*, vielmehr um die Anwendung des objektiven Rechts auf *nach außen hin sichtbare Akte* – wie namentlich Willenserklärungen –, aufgrund von deren Existenz man das Vorhandensein einer entsprechenden Absicht zu hypostasieren pflegt. Wir haben es bei diesen Akten wiederum mit Fakten zu tun, mit tatsächlichem Geschehen mithin, und von einem Gegensatz zu rechtlichen Phänomenen kann nur insoweit die Rede sein, als die genannten Fakten den Tatbestand (oder auch nur einzelnen Tatbestandsmerkmale) von rechtlichen Normen entweder erfüllen oder nicht. Nehmen mehrere Personen einen Bauauftrag an und führen sie ihn aus, so kann es trotzdem sein, daß ihr Verhalten die Voraussetzungen für das Zustandekommen eines Gesellschaftsvertrags nicht erfüllt. Das Verhalten der Beteiligten mag freilich den Tatbestand anderer Normen zu realisieren in der Lage sein. Um welche Normen es sich indessen auch immer handle, so wird ihr Tatbestand nach wie vor entweder erfüllt oder nicht.

42 Siehe Anm. 7.

schaftsvertrag und gesellschaftsrechtlichem Rechtsverhältnis ist die Entgegensetzung von „Vertrag“ und „tatsächlichem Vorgang“ nicht zu erklären.

2. Zur normativen Kraft des Gesellschaftsvollzugs

Die Lehre von der faktischen Gesellschaft ist nicht allein durch den Versuch charakterisiert, der Rechtsfigur des Vertrages eine Konkurrenz in Gestalt „tatsächlicher Vorgänge“, nämlich des Gesellschaftsvollzugs, erwachsen zu lassen. Es werden vielmehr an besagte „tatsächliche Vorgänge“ bestimmte Rechtswirkungen geknüpft. Sieht man nun aber von der – logisch tatsächlich gegebenen[43] – Möglichkeit ab, von einander widersprechenden faktischen Sätzen auf normative Sätze zu schließen, so kommt ein Schluß von faktischen Sätzen auf Normen nicht in Betracht. Ein solcher Schluß ist weder deduktiv noch reduktiv[44], insbesondere auch nicht auf induktive[44] Weise, zu ziehen. Wird eine fehlerhafte Gesellschaft vollzogen, so mag es zwar naheliegen, die Rechtslage soundso zu sehen. Eine bestimmte rechtliche Beurteilung mag sich geradezu „aufdrängen“. Drängt sie sich auf, dann liegt das aber nicht nur an den Fakten, die beurteilt werden sollen. Es liegt nicht minder an den auf diese Fakten anwendbaren Normen, und mit der Evidenz der rechtlichen Beurteilung kann in der Tat nichts anderes als die Evidenz der Normen oder auch die Offensichtlichkeit der Subsumierbarkeit der Fakten zu verstehen sein. Mit dem Schluß vom Sein aufs Sollen[45] werden Normen oder Subsumtionsprozesse, welche man für zwingend hält, lediglich der Diskussion entzogen. Der Schluß vom Sein aufs Sollen wird denn auch gerade, was die faktische

---

43 Ein widerspruchsvoller Satz ist falsch, und aus einem falschen Implikans ist jedes Implikat („ex falso quodlibet sequitur“; vgl. Bocheński-Menne, Grundriß der Logistik, 3. Aufl., 1965, § 3.52), also namentlich ein normativer Satz, zu folgern. Auf weitere Möglichkeiten, aus faktischen Sätzen, welche bereits normative Sätze (echt) enthalten, auf normative Sätze zu schließen, braucht nicht näher eingegangen zu werden.

44 Hinsichtlich des Verhältnisses von Reduktion und Induktion vgl. die (teilweise freilich angreifbare) Darstellung bei Bocheński, Die zeitgenössischen Denkmethoden, 3. Aufl., 1965, S. 75 f., 117 ff.

45 Betreffs der „normativen Kraft des Faktischen“ vgl. vor allem G. Jellinek, Allgemeine Staatslehre, 3. Aufl., 1921, 7. Neudr. 1960, S. 337 ff., 359 ff. Was allgemein die „Natur der Sache“ betrifft, vgl. etwa: Radbruch, Die Natur der Sache als juristische Denkform, Festschr. f. Laun, 1948, S. 157 ff.; Stratenwerth, Das rechtstheoretische Problem der Natur der Sache, 1957; Maihofer, Die Natur der Sache, ARSP XLIV (1958), S. 145–147; Bobbio, Über den Begriff der Natur der Sache, ARSP XLIV (1958), S. 305–321; vgl. auch Würtenberger, Die geistige Situation der deutschen Strafrechtswissenschaft, 2. Aufl., 1959, S. 15. Hinsichtlich des Verhältnisses von Sein und Sollen siehe insbesondere E. Garzón Valdés, Über das Verhältnis zwischen dem rechtlichen Sollen und dem Sein, ARSP, Beiheft Nr. 41, Neuwied 1965, S. 299 ff.

Gesellschaft anbelangt, mit Recht als theoretisch unzulässig kritisiert[46]. Praktisch pflegt indessen immer noch von sachlichen Notwendigkeiten auf die Richtigkeit gerade dieser oder jener Lösung geschlossen zu werden; es handelt sich insofern insbesondere um den sogleich zu diskutierenden Versuch, die ex tunc wirkende Vernichtung eines Rechtsgeschäfts durch dessen Vernichtung ex nunc zu ersetzen.

3. Rückwirkung. Insbesondere zur Möglichkeit, Geschehenes rechtlich ungeschehen zu machen

Die Vernichtung eines Rechtsgeschäfts mit Wirkung ex nunc scheint von der ex tunc wirkenden Vernichtung des Rechtsgeschäfts grundverschieden zu sein. Die Wirkungen der Nichtigkeit scheinen in jenem Fall erst jetzt, in diesem dagegen zu einem bereits in der Vergangenheit liegenden Zeitpunkt zu beginnen, und es scheint insoweit, als werde in der Tat Geschehenes jedenfalls rechtlich ungeschehen gemacht[47].

Es gibt jedoch genauerweise gar nicht die Möglichkeit der Vernichtung eines Rechtsgeschäfts mit Wirkung ex tunc[48]. Hat ein Rechtsverhältnis aufgrund der Anwendung des objektiven Rechts auf einen Sachverhalt während eines bestimmten Zeitraums wirksam bestanden, so ist und bleibt dies der Fall. Was demgegenüber die sogenannte Vernichtung eines Rechtsgeschäfts ex tunc anbetrifft, so haben wir es mit einer zwar naheliegenden, doch durchaus mißverständlichen Redeweise zu tun. Dies ist darzulegen.

Es sei an die beiden Antiquitätenhändler erinnert, welche einen gemeinsamen Antiquitätenhandel zu betreiben beschließen (I). Das Unternehmen wird

---

46 Esser sagt mit Recht, die Anerkennung des „Faktischen" beruhe *„nie auf dem Respekt vor dem rohen Faktum als solchem,* das ohne vorausgesetzte oder herangetragene Wertung nichts anderes ergibt, als ein rohes Faktum" (Gedanken zur Dogmatik der „faktischen Schuldverhältnisse", in: AcP 157 (1958/59), S. 86 ff. [93]).
Vor allem Simitis (Anm. 13, S. 41) bemerkt insoweit vorzüglich: „Für eine konsequent durchgeführte Auffassung von der absoluten Maßgeblichkeit der Faktizität sinkt das Recht herab zur Funktion einer bloßen Wirkung, wird jedes aktiven Charakters entkleidet". Klar und richtig auch Erman, Anm. 11, S. 51 f.

47 Vgl. etwa Soergel-Schultze-v. Lasaulx, Bem. 91 zu § 705 BGB[10].

48 Die – an dieser Stelle behandelte – Frage nach dem Beginn der Nichtigkeitsfolgen ist von der weiteren – gerade in letzter Zeit mehrfach diskutierten – Problematik der Bestimmung von deren Umfang und Intensität zu unterscheiden. Hinsichtlich des zuletzt genannten Fragenkreises siehe namentlich Pawlowski, Rechtsgeschäftliche Folgen nichtiger Willenserklärungen, 1966, insbes. S. 31–37: Unter „Nichtigkeit" wird mit Recht nicht etwa ein nullum, vielmehr nur der „Ausschluß bestimmter – d.h. durch den Zweck der die Nichtigkeit anordnenden Norm bestimmter – Rechtsfolgen" verstanden (S. 37).

vollzogen, jedoch es stellt sich nach zwei Jahren heraus, daß der ursprüngliche Alleineigentümer des „Bugatti" durch seinen Partner im Hinblick auf den Abschluß des Gesellschaftsvertrages arglistig getäuscht worden ist. Ficht der Getäuschte das Rechtsgeschäft an, so tritt, wie man immer wieder behauptet[49], rückwirkend Nichtigkeit ein. Der Eintritt der Nichtigkeit wird gleichwohl an die Vornahme des Aktes der Anfechtung geknüpft. Was jedoch den Zeitraum zwischen Vertragsschluß und Anfechtung betrifft, so lassen die gesetzlichen Bestimmungen das Schuldverhältnis als wirksam erscheinen. Wie dasselbe Schuldverhältnis im Hinblick auf denselben Zeitraum aufgrund eines späteren Ereignisses gleichwohl unwirksam sein soll, leuchtet nicht ein.

Das Gesetz sagt denn auch *nicht*, es sei das angefochtene Rechtsgeschäft von Anfang an nichtig. Es sagt vielmehr, das Rechtsgeschäft sei von Anfang an *„als nichtig anzusehen"* (§ 142 I BGB). Das Rechtsgeschäft ist, mit andern Worten, so anzusehen, als sei es von Anfang an nichtig gewesen[50]. Dem Rechtsgeschäft wird nun aber so, wie es tatsächlich war, nicht aus Freude am Bilden von Hypothesen eine Alternative entgegengesetzt. Der Vergleich der Wirklichkeit mit einer Alternative wird vielmehr zum Anlaß für die Bestimmung von *sich zukünftig, also „ex nunc", ereignenden Rechtswirkungen* genommen, und es handelt sich um ein der Bestimmung der Verpflichtung zum Schadensersatz durchaus paralleles Verfahren: Wer zum Schadensersatz verpflichtet ist, hat nach § 249 S. 1 BGB „den Zustand herzustellen, der bestehen würde, wenn der zum Ersatze verpflichtende Umstand nicht eingetreten wäre". Auch diesmal wird dem tatsächlichen Geschehen, und zwar zum Zweck der Bestimmung einer zukünftig eintretenden Rechtsfolge, ein hypothetisches Geschehen entgegengesetzt. Würde man den Schaden aus der Wirklichkeit „rückwirkend" eliminieren, so fiele die Möglichkeit der Bestimmung der Höhe des Schadens durch Vergleich der Wirklichkeit mit dem hypothetischen Geschehen gerade hinweg[51].

Vernichtung ex tunc und Vernichtung ex nunc unterscheiden sich nicht etwa darin, daß eine Rechtswirkung in jenem Fall früher als in diesem beginnt. Wir

49 Vgl. Anm. 19, S. 80; ferner Anm. 47. Vgl. auch BGHZ 26, 330 (335) mit Berufung auf OGHZ 4, 241.

50 Ganz ähnlich lautet in der Tat § 108 des Ersten Entwurfs: „Ein nichtiges Rechtsgeschäft wird in Ansehung der gewollten rechtlichen Wirkungen so angesehen, als ob es nicht vorgenommen worden wäre". Die Zweite Kommission hat die Bestimmung gestrichen; der Begriff des nichtigen Rechtsgeschäfts stehe in der Wissenschaft fest, er sei einer „eingehenden Definition" nicht bedürftig, und es könne überdies „die im Entw. versuchte Begriffsentwicklung . . . hinsichtlich des Passus ‚in Ansehung der gewollten rechtlichen Wirkungen' beanstandet werden" (Prot. I, 260 f. [Mugdan I, 726]).

51 Betreffs der Alternativstruktur des Schadensbegriffs sowie der Möglichkeiten, die einzelnen Schadensarten vermittels der Bildung entsprechender Alternativenpaare zu präzisieren, vgl. Rödig, Die Denkform der Alternative in der Jurisprudenz, 1969, § 9.3.

haben es vielmehr in beiden Fällen mit jeweils erst *für die Zukunft infrage kommenden* Rechtswirkungen zu tun[52]. Sofern die Rechtswirkungen unterschiedlich sind, ist zu prüfen, aufgrund welcher Normen sie sich ergeben, und es ist insoweit abzustellen auf die gleichermaßen in der Vergangenheit liegenden Fakten. Die Umgehung von Nichtigkeitsfolgen durch die Konstruktion einer schon in der Vergangenheit wirksam gewordenen Gesellschaft ist ein ebenso unnötiger wie irreführender Weg. Dies sei zunächst anhand der sogenannten „Scheingesellschaft", sodann anhand der Behandlung des Innenverhältnisses der fehlerhaften Personalgesellschaft gezeigt.

52 Was insbesondere die sogenannte „Nichtigkeit ex tunc" betrifft, so ist zu erwägen, ob die Beteiligten vermittels künftiger Rechtsakte so gestellt werden sollen, als hätten sie das Rechtsgeschäft damals „nicht" geschlossen und es demzufolge in der Zwischenzeit auch „nicht" vollzogen. Wie der Ausgleich eines infolge unerlaubter Handlung erlittenen Schadens, so ist, wie man sieht, auch der Ausgleich ungerechtfertigter Bereicherung nur durch den Vergleich des tatsächlichen Geschehens mit hypothetischem Geschehen erfaßbar. Wie man bezüglich der Lage des ungerechtfertigt Entreicherten von einem „Schaden" sprechen kann, so kommt für den Fall, daß mit dem infolge unerlaubter Handlung erlittenen Schaden ein Vorteil des Schädigers korrespondiert, die Einordnung als „ungerechtfertigte Bereicherung" in Betracht. Es handelt sich weitgehend um die Betrachtung eines und desselben Phänomens, und zwar bald mehr unter dem Gesichtspunkt des Betroffenen, bald mehr unter dem Gesichtspunkt des Begünstigten. Ist der Verlust des Betroffenen nicht gerechtfertigt, so wird für den Fall, daß die Vermögensverschiebung nicht rückgängig gemacht werden kann, die Ersatzpflicht anstatt an die noch vorhandene Bereicherung an das Verschulden des Verletzers geknüpft. Wir kommen auf den – vorerst nur angedeuteten – Regelungscharakter der bereicherungsrechtlichen Vorschriften im Hinblick auf deren Einschlägigkeit für die Behandlung der fehlerhaften Gesellschaft zurück. Hier galt es lediglich zu klären, daß man durch Anwendung der Nichtigkeitsnormen nicht etwa so, wie es in BGHZ 13, 320 (323) heißt, „Rechtstatsachen", die geschehen sind, „rückwirkend ungeschehen" mache oder „rückwärtshin" vernichte (S. 324).

III. Der Schutz von Interessen Dritter

Erman sagt mit Recht, es könne nicht „aus der gewohnheitsrechtlichen Geltung der [Personal-] Gesellschaft als ‚Scheingesellschaft' im Außenverhältnis auf Gültigkeit im Innenverhältnis geschlossen werden"[53]. Es wäre in der Tat nicht zwingend, einen solchen Schluß zu ziehen, und auf die Frage, ob die Scheingesellschaft gewohnheitsrechtlich überhaupt anerkannt werden sollte[54], kommt es insoweit nicht an. Es empfiehlt sich gleichwohl, den Schutz von Interessen Dritter vorweg zu behandeln[55]; sowohl im Rahmen gesellschaftsrechtlicher Abwicklung als auch anläßlich eines bereicherungsrechtlichen Ausgleichs (vgl. insoweit § 818 III BGB) müssen jeweils zunächst die Rechte Dritter berücksichtigt werden, und der Schutz dieser Rechte ist großenteils durch rechtliche Gesichtspunkte bestimmt, die für die Beziehungen der Gesellschafter untereinander nicht gelten.

1. Scheingesellschaft

Der Terminus „Scheingesellschaft" wird nicht einheitlich gebraucht. Unter einer „Scheingesellschaft" wird teilweise im engeren Sinn die nur zum Schein eingegangene Gesellschaft verstanden[56], und von „Schein" ist in dem Sinn die Rede, in dem man auch von einem „Scheingeschäft" spricht (vgl. § 117 I BGB). Wie auf eine durch Scheingeschäft zustande gekommene Gesellschaft, so können gutgläubige Dritte nun aber auch auf das Bestehen von Gesellschaften vertrauen, deren Grundlage unter anderen Gesichtspunkten fehlerhaft ist, und man pflegt denn auch insoweit, als es um den Schutz des „Rechtsscheins" geht, allgemein von „Scheingesellschaft" zu sprechen[57]. Wir verwenden den Ausdruck „Scheingesellschaft" im Zweifel in dem zuletzt angegebenen – weiteren – Sinn.

Die Scheingesellschaft ist, wie schon erwähnt[58], „gewohnheitsrechtlich" anerkannt. Die für die Scheingesellschaft entwickelten Rechtssätze haben, wie

53 Anm. 11, S. 43.

54 Die Frage wird bereits von Ruland (Das Innenverhältnis der nichtigen offenen Handelsgesellschaft, 1941, S. 1) bejaht.

55 Vgl. insoweit insbesondere die Art der Darstellung bei Hueck (Anm. 19), S. 46 ff., 72 ff.

56 Vgl. etwa Fischer (Anm. 17), Bem. 109.

57 Siehe Anm. 55, S. 46 ff.

58 Vgl. Anm. 53, 54

es scheint, zum Teil bereits in Gesetze Eingang gefunden[59], und man pflegt sie auch insoweit, als dies nicht geschehen ist, als unersetzlichen Bestandteil zeitgenössischen Gesellschaftsrechts zu betrachten[60]. Wären diese Normen nicht in Kraft, so kämen allem Anschein nach geradezu katastrophale Ergebnisse heraus:

Der mehrfach wegen Betruges vorbestrafte G 1 handelt neuerdings mit Garteneinrichtungsgegenständen. G 1 kommt in Schwierigkeiten. Es gelingt ihm, den vermögenden G 2 zur Beteiligung an einer OHG unter der Firma „Garteneinrichtung G 1 & Co" zu gewinnen. G 1 und G 2 erteilen dem P Prokura, melden Gesellschaft und Prokura zur Eintragung ins Handelsregister an und nehmen die Geschäfte auf. P bestellt bei D 20 Hollywood-Schaukeln zum Preis von insgesamt 3.000 DM. G 2 erfährt nunmehr von den Vorstrafen des G 1. G 2 ist entsetzt. Er ficht den Gesellschaftsvertrag an. D nimmt G 2 wegen der Bezahlung der Hollywood-Schaukeln in Anspruch.

Die Interessen liegen klar. G 2 weiß nicht, was er mit so vielen Hollywood-Schaukeln anfangen soll. An den Hollywood-Schaukeln war er lediglich im Hinblick auf seine Beteiligung an dem Unternehmen interessiert. Doch die für eine Zusammenarbeit mit G 1 maßgebenden Voraussetzungen liegen tatsächlich nicht vor. D hält dem entgegen, es sei zum ordnungsgemäßen Abschluß eines Kaufvertrages gekommen, und es sei P kraft seiner aus dem Handelsregister ersichtlichen Vollmacht ermächtigt gewesen, das Rechtsgeschäft mit Wirkung für G 1 und G 2 abzuschließen. Von den für die Zusammenarbeit des G 2 mit G 1 maßgebenden Gründen sei anläßlich des Abschlusses des Kaufvertrages nicht die Rede gewesen. Auf den G 1 sei G 2 hereingefallen, nicht D.

Was D sagt, hört sich überzeugend an. Die Lehre von der Scheingesellschaft gibt ihm recht. Behandeln wir den Fall zunächst im Sinne dieser Lehre. D ist berechtigt, von G 2 Zahlung der 3.000 DM zu verlangen, wenn G 1 und G 2 eine OHG gebildet haben und wenn ferner D zu einem Zeitpunkt, zu welchem die Gesellschaft jedenfalls ihm gegenüber wirksam bestand, gegen sie eine Verbindlichkeit in Höhe von 3.000 DM erworben hat (§§ 128, 105 II HGB, 421 S. 1 BGB, ggf. i.V.m. 156 HGB). Gesetzt, es sei das gesellschaftsrechtliche Rechtsverhältnis durch Abschluß des Gesellschaftsvertrages (§§ 105 II HGB, 305, 705 BGB) und, was die Beziehungen zu Dritten betrifft, überdies durch Eintragung der Gesellschaft ins Handelsregister (§ 123 I HGB) oder auch durch den Beginn von Geschäften i.S.d. § 1 II HGB (vgl. § 123 II HGB) rechtswirksam zustande gekommen. Gesetzt sodann, es habe die Anfechtung des Gesellschaftsvertrages Erfolg. Dann würde, wie man im Zusammenhang mit der Vorschrift des § 142 I BGB zu sagen pflegt (II 3), das Gesellschafts-

59 Vgl. §§ 275 ff. AktG, 75 ff. GmbHG, 94 ff. GenG.

60 Vgl. Anm. 58.

verhältnis „eigentlich" rückwirkend vernichtet. Die Gesellschaft hätte rechtswirksam gar nicht bestanden, und eine „Verbindlichkeit *der Gesellschaft*" läge nicht vor.

Dieses Resultat soll D nicht zugemutet werden. Die Methode, vermittels derer man das Ergebnis glaubt vermeiden zu können, ist charakteristisch. D soll besser stehen, als hätte er mit einem nullum kontrahiert. An die Stelle des nullum wird daher, und zwar erneut mit Wirkung ex tunc, rechtliche Realität gesetzt. Haupt[61] kommt mit der Annahme der faktischen Gesellschaft aus, die er gerade im Verhältnis gegenüber Dritten angewendet wissen will. Die meisten[62] unterstellen jenes gesellschaftsrechtliche Sein, auf welches D im Hinblick auf den Schein der Gesellschaft vertraute. Ob man sich nun der Konstruktion der Scheingesellschaft oder der Annahme einer faktischen Gesellschaft behilft, so ist gleichwohl das Ergebnis dasselbe: G 1 und G 2 haben sowohl durch Anmeldung der Gesellschaft zur Eintragung in das Handelsregister als auch durch Aufnahme der Geschäfte den Anschein des rechtlichen Bestandes der Gesellschaft erweckt[63]; hierauf soll D vertrauen dürfen, und auf den Erfolg der Anfechtung käme es ihm gegenüber nicht an.

Haben G 1 und G 2 nun aber eine OHG gebildet, so ist es zur Lösung des Falles nur noch ein kleiner Schritt. P hat am Abschluß des die Rechte des D begründenden Kaufvertrages (§ 433 II BGB) als Prokurist mitgewirkt; die Prokura ermächtigt als ein Sonderfall der „Vollmacht" (§§ 166 II 1, 164 I BGB) zur Vornahme von „Geschäften und Rechtshandlungen, die der Betrieb eines Handelsgewerbes mit sich bringt" (§ 49 I HGB). War P tatsächlich Prokurist, so hat er den Kaufvertrag mit Wirkung gegen G 1 und G 2 (vgl. § 124 I HGB) abschließen können. Nun haben zwar G 1 und G 2 die Prokura nur im Hinblick auf die nunmehr angefochtene Gesellschaft erteilt. Hueck[64] spricht in der Tat von einem nur „angeblichen" Prokuristen. Um indes auch diesem Mangel abzuhelfen, kann man sich des – angeblich ebenfalls gewohnheitsrechtlich anerkannten[65] – Instituts der „Scheinvollmacht" bedienen; eines Instituts jedoch, dessen es im Hinblick darauf, daß die

61 Anm. 1, S. 18.

62 Siehe Anm. 53, 54; vgl. ferner Siebert, Faktische Vertragsverhältnisse, 1958, S. 42 f.

63 Hinsichtlich des in diesem Zusammenhang öfter genannten Gesichtspunkts der „Erklärung an die Öffentlichkeit" vgl. neuerdings Berg, NJW 1969, 604 (zu BGH NJW 1968, 2102).

64 Anm. 19, S. 46, Fn 18.

65 Vgl. hierzu insbesondere E. Heymann, RG-Festschr. (1929) IV, S. 325 ff. – Auch der BGH (MDR 1953, 345 = LM § 167 BGB Nr. 4) nimmt zur Stützung seiner Rechtsprechung auf „anerkannte Rechtsgrundsätze" Bezug, kann mit diesem Hinweis aber schwerlich überzeugen; in der vom BGH herangezogenen Entscheidung RGZ 170, 281 (284) wird wiederum nur auf Entscheidungen verwiesen, nämlich auf RGZ 138, 265 ff. und 145, 155 ff., und was die beiden zuletzt

Anfechtung bereits an dem Bestehen einer „Scheingesellschaft" scheitert[66], genauerweise nicht bedarf.

2. § 427 BGB

Die Anerkennung von Gewohnheitsrecht[67] mag sinnvoll sein, wenn man gewissen rechtspolitischen Entscheidungen, für die sich mittlerweile eine Mehrheit der Mitglieder der Rechtsgemeinschaft findet, auf andere Weise nicht zur Geltung zu verhelfen vermag. Die Anerkennung von Gewohnheitsrecht ist aber überflüssig dann, wenn das Ergebnis, das gewonnen werden soll, bereits aus den vorhandenen Gesetzen herleitbar ist. Die Anerkennung von Gewohnheitsrecht kann sich in dem zuletzt genannten Fall sogar als schädlich erweisen, und zwar insoweit, als das Verlassen des Gesetzes die Gefahr begründet, die gesetzliche Ordnung auch hinsichtlich solcher systematisch miteinander verbundener Bereiche aus dem Auge zu verlieren, bezüglich derer sie eine unstreitig „sachgerechte" Entscheidung zu tragen vermag. Gerade dieser Gefahr ist die herrschende Lehre erlegen.

Unhaltbar ist bereits der Ausgangspunkt. Wird der Gesellschaftsvertrag angefochten, so hat die Wirksamkeit der Anfechtung nicht rückwirkend ein „nullum" zur Folge. Hat die Gesellschaft in der Vergangenheit wirksam bestanden, so bleibt dies, was die Vergangenheit betrifft, auch in Zukunft der Fall (II 3). Der Gesellschaftsvertrag ist lediglich so „anzusehen", als sei er „von Anfang" an nichtig gewesen (§ 142 I BGB). Gesetzt nunmehr, der Gesellschaftsvertrag sei von Anfang an nichtig gewesen, oder G 1 und G 2 hätten ihn gar nicht abgeschlossen. Dann muß man sich vor einer zweiten Verwechslung hüten, nämlich vor der Verwechslung von gesellschaftsrechtlichem Rechtsverhältnis und Gesellschaftsbetrieb (II 1). Ist davon auszugehen, es sei das gesellschaftsrechtliche Rechtsverhältnis infolge Fehlens eines wirksamen Gesellschaftsvertrages nicht wirksam zustande gekommen, so ist dieser Ausgangspunkt im Hinblick auf die Anerkennung des Gesellschaftsbetriebs ohne Belang. Es bleibt insbesondere bei dem einerseits von D sowie andererseits von P für G 1 und G 2 geschlossenen Vertrag, und die rechtliches Beurteilung dieses Vertrages braucht keineswegs ausschließlich von der Wirksamkeit des gesellschaftsrechtlichen Rechtsverhältnisses abhängig zu sein.

---

genannten Entscheidungen betrifft, so haben wir es, wie Flume (Allgemeiner Teil des Bürgerlichen Rechts, 2. Bd., Das Rechtsgeschäft, 1965, S. 833) treffend bemerkt, weniger mit einer Schein- oder einer Anscheinsvollmacht als vielmehr mit Duldungsvollmacht zu tun.

66 Vgl. insoweit Fischer (Anm. 17), Bem. 104.

67 Vgl. Larenz, Methodenlehre der Rechtswissenschaft, 2. Aufl., 1969, S. 177, 338 ff., 408.

Nehmen wir der Einfachheit halber zunächst einmal an, es hätten sich G 1 und G 2 durch Zufall mit D auf einer Gartenschau getroffen, und es hätten G 1 und G 2 die Hollywood-Schaukeln persönlich bestellt. Auch wenn das gesellschaftliche Rechtsverhältnis so anzusehen ist, als wäre es rechtswirksam nicht zustandegekommen, so bleibt es doch dabei, daß G 1 und G 2 dem D angeboten haben, ihm 20 Hollywood-Schaukeln abzunehmen, und daß D das Angebot angenommen hat. G 1 und G 2 haben sich bereiterklärt, für die Hollywood-Schaukeln insgesamt 3.000 DM zu zahlen, und es handelt sich darum, daß sich „mehrere durch Vertrag gemeinschaftlich zu einer teilbaren Leistung" verpflichten. § 427 BGB knüpft an diesen Tatbestand die Rechtsfolge, daß die sich verpflichtenden Vertragsbeteiligten „im Zweifel als Gesamtschuldner" haften. Sieht man die Dinge so, dann ist es eine Selbstverständlichkeit, daß D G 2 in Anspruch nehmen kann. Auf den Schein der Gesellschaft kommt es nicht an.

G 2 führt freilich auch in diesem Fall seinen Irrtum über G 1 ins Treffen. Wie den Gesellschaftsvertrag mit G 1, so sei er auch den Kaufvertrag mit D nur im Hinblick darauf eingegangen, es werde sich mit seinem Partner – also mit G 1 – vertrauensvoll zusammenarbeiten lassen. Der Abschluß des Vertrages mit D stelle nur einen Bestandteil dieser Zusammenarbeit dar, und als ein solcher nehme er an der Anfechtbarkeit des auf die gesamte Zusammenarbeit bezogenen Rechtsverhältnisses teil.

Mit diesen Argumenten vermag G 2 indessen nicht zu überzeugen. Der Irrtum des G 2 hat sicher nicht die – „ursprüngliche" – Nichtigkeit des Kaufvertrages zur Folge. Der Kaufvertrag ist allenfalls der Anfechtung unterworfen. Wie die Erklärung des G 1, so war auch die des G 2 dem D, also „einem andern gegenüber", abzugeben. Die Täuschung des G 2 hat aber G 1, insoweit „ein Dritter"[68], verübt, und D hat die Täuschung weder gekannt noch kennen müssen; auf § 123 BGB kann sich G 2 daher nicht berufen. Es ist auch nicht so, als sei G 1 „bei der Abgabe einer Willenserklärung über deren Inhalt im Irrtum" gewesen oder als habe er „eine Erklärung dieses Inhalts überhaupt nicht abgeben" wollen (vgl. § 119 I BGB). Worauf es ankommt, ist daher nur noch, ob sich G 2 *auch im Hinblick auf den Kaufvertrag* in einem „Irrtum über solche Eigenschaften der Person oder Sache" befand, „die im Verkehr als wesentlich angesehen werden" (§ 119 II BGB).

Die Kausalität des Irrtums des G 2 für dessen Mitwirkung am Abschluß des Kaufvertrages ist unbestreitbar; hätte G 2 von den Vorstrafen des G 1 Kenntnis besessen, so hätte er sich gehütet, mit G 1 eine Gesellschaft zu

68 Anders wäre zu entscheiden, wenn sich G 1 auf der Verkäuferseite befände; auf die Notwendigkeit, bei der Behandlung mehrseitiger Verträge gemäß der Zugehörigkeit der Beteiligten zu verschiedenen Seiten des *durch Vertrag zu begründenden Schuldverhältnisse* zu differenzieren, wird noch des Näheren einzugehen sein.

betreiben, und es wäre insbesondere mit einer an Sicherheit grenzenden Wahrscheinlichkeit nicht zum Kauf der Hollywood-Schaukeln gekommen[69]. Nimmt man ferner den Begriff der „Eigenschaft“ im logischen Sinn[70], so ist er außerordentlich weit, und es ist insoweit durchaus eine „Eigenschaft“ der Hollywood-Schaukeln, im Rahmen der Betätigung eines rechtswirksamen Gesellschaftsvertrages Mittel zur Erreichung des von G 1 und G 2 verfolgten gemeinsamen Zweckes zu sein. Der Irrtum des G 2 müßte jedoch zusätzlich eine solche Eigenschaft der Person oder Sache betreffen, „die im Verkehr als wesentlich angesehen“ wird, und in diesem Zusammenhang meinte schon v. Savigny[71] nicht ohne Resignation, man werde sich weniger „an abstrakte Begriffe halten dürfen, als an die im wirklichen Verkehr herrschenden Ansichten und Gewohnheiten, wodurch denn die ganze Untersuchung eine nicht streng juristische Richtung“ erhalte.

Was jedenfalls die Eigenschaft der Hollywood-Schaukeln betrifft, als Mittel der Betätigung eines *wirksamen* Gesellschaftsvertrages zu fungieren, so haben wir es mit einer typischerweise von Gebraucher zu Gebraucher variierenden Beschaffenheit zu tun[72]; als „wesentlich“, als das „Wesen der Sache“ bestimmend, pflegen demgegenüber lediglich relativ konstante Beschaffenheiten angesehen zu werden[73]. So wäre es beispielsweise eine „wesentliche“ Eigenschaft der Hollywood-Schaukeln, daß die sich auf dem Stoffdach befindenden Röschen nicht schon nach dem ersten Regen unkenntlich werden, oder daß die in Schwung gesetzte Sitzbank nicht beim Erreichen einer bestimmten Höhe hängen zu bleiben oder sogar auszuklinken pflegt. Ein Irrtum über solche Eigenschaften wäre erheblich, mag die Anfechtung im Falle des Kaufes auch durch die Vorschriften über Gewährleistung wegen Mängeln der Sache (§§ 459 ff. BGB) ausgeschlossen sein; oder mag es, weil keine Sachen „mittlerer Art und Güte“ (§ 243 I BGB) geliefert sind, der Kaufvertrag also einer teilweise vertretenen Ansicht zufolge nicht erfüllt ist, der Anfechtung gar nicht bedürfen. Ob hingegen gerade G 1 und G 2 etwas mit den Hollywood-Schaukeln anfangen können, ob sie insbesondere für G 2

---

69 Diese Art von „Kausalität“ geht der (ein zusätzliches Merkmal einbeziehenden) Ursächlichkeit des Irrtums im Sinne des „daß“-Satzes des § 119 I BGB voraus.

70 Vgl. Klug, Juristische Logik, 3. Aufl., 1966, S. 50 ff.; Rödig (Anm. 37), § 28.1.2.

71 System des heutigen römischen Rechts, 3. Bd., 1840, S. 277.

72 Daß die Bewertung eines Gegenstandes durch die Beteiligten bei synallagmatischen Verträgen geradezu *typischerweise* variiert, setzt namentlich v. Tuhr auf eindrucksvolle Weise auseinander (vgl. die Erörterung des Beispiels auf S. 198 des Allgemeinen Teils des Deutschen Bürgerlichen Rechts, II, 1 [1914]).

73 Schmidt-Rimpler lehrt insoweit vortrefflich, „im Verkehr wesentlich“ heiße: „bei dem betr. Geschäft allgemein, für jedermann wesentlich, nicht nur für den Erklärenden aus besonderen individuellen Erwägungen“ (Eigenschaftsirrtum und Erklärungsirrtum, Festschr. f. H. Lehmann, I (1956), S. 212 ff. (223)).

von Nutzen sind, das ist eine Frage weniger der Schaukeln selbst als vielmehr des von G 1 und G 2 betriebenen Unternehmens. Würde eine falsche Vorstellung bezüglich dieser Frage zur Anfechtung berechtigen, so liefe die Bestimmung des § 119 II BGB auf die rechtlich anerkannte Möglichkeit hinaus, das Risiko mißlungener Spekulationen auf den Erklärungsgegner abzuwälzen. Was sicher nicht der Sinn der Vorschrift ist[74].

Wir haben die sich nach alledem ergebende Verpflichtung des G 2 mit Absicht so ausführlich begründet. Galt es doch, zu zeigen, auf welch unproblematische Weise sich die gesetzlichen Vorschriften anwenden lassen[75]. Sofern man es versäumte, diesen ebenso korrekten wie kürzesten Weg zu beschreiten, so vor allem deshalb, weil man zu Unrecht *anstatt das mit dem Dritten abgeschlossene Geschäft den Gesellschaftsvertrag* zum Ausgangspunkt der rechtlichen Beurteilung nahm. Geht man weniger „historisch" als vielmehr „logisch", nämlich im Sinn der sogenannten logischen Methode des Fallaufbaus[76], vor, dann ist der Gesellschaftsvertrag auf das Recht des Dritten allenfalls auf dem Umweg über den mit dem Dritten abgeschlossenen Vertrag von Belang.

Auch wenn der Gesellschaftsvertrag so anzusehen ist, als hätte er von Anfang an kein gesellschaftsrechtliches Rechtsverhältnis zu stiften vermocht, so lassen sich allein deswegen weder der Gesellschaftsbetrieb noch im Zusammenhang mit dem Gesellschaftsbetrieb zustande gekommene Rechtsverhältnisse annullieren. Was den mit D abgeschlossenen Kaufvertrag betrifft, so ist die Wirksamkeit des dadurch begründeten Schuldverhältnisses, was nicht genug betont werden kann, nicht etwa der Stützung durch Konstruktion einer bereits in der Vergangenheit wirksamen Gesellschaft bedürftig. Die durch Annahme einer „Scheingesellschaft" bezweckte Rechtsfolge tritt bereits

---

74 Auch im Hinblick auf die Behandlung eines Irrtums über „Eigenschaften der Person" wird es jeweils einer Begrenzung dieser Eigenschaften unter dem Gesichtspunkt des betreffenden Geschäftstyps bedürfen. Sieht man vom Recht der Gewährleistung (§§ 459 ff. BGB) ab, so wäre beispielsweise darauf abzustellen, inwiefern gerade *diese* Ware den Belangen des Käufers entspricht, inwiefern gerade das vom Käufer betriebene Unternehmen Gegenstände von der Art der gekauften Sache zu verarbeiten vermag usw. Neben den Schaukeln auch die auf Käuferseite beteiligten Personen zum Gegenstand des Kaufvertrags zu machen mit der Folge, daß sogar ein Irrtum eines Käufers über die Eigenschaften eines weiteren Käufers zur Anfechtung des mit dem Verkäufer abgeschlossenen Vertrags berechtigte, verbietet sich angesichts der soeben angestellten Erwägungen erst recht.

75 Auf die – möglicherweise auch für den Gläubiger interessante – Entstehung von Gesamthandeigentum soll um des Zusammenhanges willen erst anläßlich der Behandlung der zwischen den Gesellschaftern bestehenden Rechtsbeziehungen (IV, V) eingegangen werden.

76 Es pflegt insoweit auch von „Anspruchsmethode" gesprochen zu werden; hinsichtlich der Realisierung dieser Methode vorbildlich Esser, Fälle und Lösungen zum Schuldrecht, 2. Aufl., 1965.

aufgrund der Vorschrift des § 427 BGB ein. Diese Vorschrift wird durch die – ebenfalls gesamtschuldnerische Haftung anordnende – Bestimmung des § 128 HGB nicht etwa verdrängt, vielmehr bestätigt. Auf die – insbesondere durch BGHZ 23, 302 (304 ff.)[77] behandelte – Frage, inwieweit mit der „primären" Pflicht der Gesellschaft die (möglicherweise nur „sekundäre") Haftung der einzelnen Gesellschafter inhaltlich korrespondiere, kommt es insoweit nicht an[78, 79]. Ohne Belang ist in diesem Zusammenhang auch die weitere Frage, wie der nach herrschender Ansicht mögliche Fall, daß zwei personengleiche offene Handelsgesellschaften zueinander in Rechtsbeziehungen treten, „erklärt" werden könne[80, 81]. Entscheidend ist vielmehr die in § 427 BGB erkennbar zum Ausdruck kommende und durch § 128 HGB, wie gesagt, *nur bestätigte* gesetzgeberische Wertung:

Sind auf der einen Seite eines Rechtsgeschäfts mehrere Personen beteiligt, so soll der Geschäftsgegner im Zweifel nicht schlechter stehen, als hätte er es mit

77 Siehe bereits RGZ 136, 266 ff.

78 Mißverständlich insoweit Robert Fischer (Anm. 17), Bem. 5 zu § 128.

79 Ist man der h.L. im Ausgangspunkt zu folgen bereit, so kann der Schutz des auf den Schein der Gesellschaft vertrauenden Dritten auch durch Gewährung von – vielleicht nur „sekundären" – Schadensersatzverpflichtungen der einzelnen Gesellschafter gewährleistet werden. Was überdies die Möglichkeit der Haftung der Gesellschafter in ihrer Gesamtheit, insbesondere der Entstehung von Gesamthandsvermögen betrifft, vgl. Anm. 75

80 Die „Erklärung" liegt darin, daß die Rechtsordnung der einzelnen Person die Möglichkeit verschaffen kann, am Rechtsverkehr in gerade dieser oder jener Eigenschaft teilzunehmen. Die Mitglieder einer Juristischen Person, etwa einer Kapitalgesellschaft, sind beispielsweise „als Juristische Person" aufzutreten befugt. Es kann nun aber als nicht minder zweckmäßig erscheinen, mehrere Personal-Handelsgesellschaften trotz Identität ihrer Mitglieder mehr oder minder selbständig im Rechtsverkehr auftreten zu lassen (vgl. § 124 I HGB), und wie der Aktionär ungeachtet des Umstandes, daß er Mitglied der AG ist, die AG wie ein Dritter muß in Anspruch nehmen können (Anspruch auf Zahlung des Lohnes, auf Bezahlung von Ware usf.), ebenso kann es zugelassen sein, daß mehrere Personen insoweit, als sie einmal zu dieser, dann zu jener OHG gehören, miteinander in Geschäftsverbindung treten.

81 Vorbildlich für eine weniger an einer abstrakten Theorie der juristischen Person als vielmehr an der *Funktion* der rechtlichen Zusammenfassung natürlicher Personen orientierte Betrachtungsweise BGHZ 10, 91 (100 ff.): Stellt ein der Gesellschaft zustehender Anspruch den letzten Bestandteil des der Auseinandersetzung unterworfenen Gesellschaftsvermögens dar und kommt dieser Vermögenswert nach dem Auseinandersetzungsverfahren einem und nur einem Gesellschafter zu, so ist ein der Geltendmachung dieses Anspruchs durch den betreffenden Gesellschafter entgegenstehender Gesellschaftszweck nicht mehr vorhanden. Die für die Ausschließlichkeit der Zuständigkeit der Gesellschaft maßgebenden Gesichtspunkte treffen nicht zu, und es wäre ohne Sinn, die Gesellschaft allein noch um ihrer – ohnehin nur partiellen – Subjektsqualität willen aufrechterhalten zu wollen.

einem und nur einem Partner zu tun[82]. Der Geschäftsgegner soll namentlich nicht darauf angewiesen sein, sich wegen einer teilbaren Leistung trotz Identität des Leistungsbetrages anstatt an nur eine an zwei Personen halten zu müssen. Sind auf der einen Seite eines Rechtsgeschäfts mehrere Personen beteiligt, so kann es insbesondere interne Schwierigkeiten geben; und zwar so etwas wie eine transpersonale „Geschäftsunfähigkeit" in dem Sinn, daß es die genannten Personen nicht fertig gebracht haben, sich ihrerseits auf rechtswirksame Weise zur gemeinsamen Führung von Geschäften zusammenzutun. Auch unter *dieser* Fehlerquelle, die es beim Vertrag mit nur einem Partner nicht gibt, soll *jedenfalls der Geschäftsgegner* nicht leiden.

Mit diesen Überlegungen sind zugleich für die Lösung des Ausgangsfalles die Weichen gestellt. Auch der Umstand, daß sich G 1 und G 2 zwecks Erleichterung des eigenen Geschäftsbetriebes der Hilfe eines Prokuristen bedienen, soll dem D nicht zum Nachteil gereichen. Die Prokura ist eine Form der Vollmacht, und bei der Vollmacht geht es jedenfalls dann, wenn sie – wie gerade die Prokura (§ 52 I HGB) – widerruflich ist, einfach darum, dem Vollmachtgeber den Abschluß von Geschäften, die er ohne Bevollmächtigten selbst abschließen müßte, durch die Vermittlung seitens des Bevollmächtigten abzunehmen.

G 1 und G 2 haben dem P Prokura verliehen, damit sie nicht beim Abschluß eines jeden Rechtsgeschäfts mit Dritten, also insbesondere nicht beim Abschluß des Kaufvertrages mit D, selbst mitwirken müssen. Es ist nicht einzusehen, wie gerade dieser Umstand die Rechte des D sollte schmälern können. Und es leuchtet auch in diesem Fall, nämlich betreffs der rechtsgeschäftlichen Funktion des P, nicht ein, weshalb ein Schein das Sein vertreten müßte. Es ist, wie Flume[83] trefflich formuliert, „nicht Schein, sondern Wirklichkeit, daß der Vertretene, indem er den Vertreter agieren läßt, dessen Vertretungsmacht kundtut". G 1 und G 2 haben P „in Wirklichkeit" für sich agieren lassen, und zwar sogar ausweislich des Handelsregisters. Auch der Einsatz des Bevollmächtigten ist vor dem Hintergrund des mit dem Dritten abgeschlossenen Vertrages zu sehen. Was insbesondere die Wirksamkeit der durch Vermittlung des P mit D getroffenen Vereinbarung anbelangt, so haben G 1 und G 2 die Vollmacht auch insoweit „wirklich", wenngleich in der Form des § 171 I BGB, erteilt[84].

---

82 Die Mehrheit der ihm gegenüberstehenden Personen soll dem Dritten auch insoweit nicht zum Schaden gereichen, als sich die Mehrheit erst durch den *Wechsel* der genannten Personen ergibt; vgl. § 399 BGB.

83 Vgl. Anm. 65, S. 828.

3. Unterscheidungen im Hinblick auf den guten Glauben des Dritten

Die bisher angestellten Überlegungen haben weniger zu neuen Ergebnissen als vielmehr zu einer anderen Begründung bereits erzielter Resultate geführt. Legt man Wert darauf, ein Ergebnis überhaupt zu begründen, so kommt es in der Tat auch auf die Art und Weise der Begründung an. Wenn nun insbesondere zu prüfen war, inwieweit der Dritte, der auf den Schein einer Gesellschaft vertraut, schon von Gesetzes wegen geschützt zu werden verdient, so u.a. aus folgendem Grund. Die Anlehnung der Lösung ans Gesetz ist nicht allein die gleiche Behandlung gleicher Fälle zu ermöglichen geeignet (I 2). Aufgrund der Einbettung der Lösung in die Systematik des Gesetzes wird überdies dafür gesorgt, daß man sozusagen nicht den Anschluß an Kriterien verliert, von denen sich die Gesetzesverfasser *bei der Regelung verwandter Zusammenhänge* haben leiten lassen. Insoweit freilich ist es nicht etwa lediglich von theoretischem, sondern auch von sozusagen „praktischem" Interesse, daß sich die Lösung der bislang unter dem Stichwort „Scheingesellschaft" diskutierten Probleme weitgehend bereits aufgrund der gesetzlichen Bestimmungen ergibt.

Die Scheingesellschaft, bei welcher die herrschende Lehre glaubt Zuflucht nehmen zu müssen, ist auf durchaus vage Analogien[85], letztlich auf den zwar anzuerkennenden, jedoch in vieler Hinsicht dringend der Konkretisierung bedürftigen „Rechtsscheingedanken", gestützt[86]. Es ist denn auch kein Wunder, daß man im Hinblick auf den guten Glauben des in den Rechtsschein vertrauenden Dritten reichlich schematisch verfährt. Teilweise wird gelehrt, es

---

84 Angesichts der Vorrangigkeit des sich aus den gesetzlichen Vorschriften ergebenden Schutzes des Dritten ist die Art der dem Vertreter erteilten Vertretungsmacht ohne Belang. Mag es sich um rechtsgeschäftlich erteilte Vertretungsmacht (Vollmacht, insbesondere Generalvollmacht sowie Prokura) oder um (pseudo-)gesetzliche Vertretungsmacht handeln (die sich aus § 125 I HGB ergebende Einzelvertretung stellt lediglich ein an das *Rechtsgeschäft* des Gesellschaftsvertrages geknüpftes und jederzeit durch Vertrag abdingbares naturale negotii dar): der Dritte darf in keinem dieser Fälle schlechter stehen, als hätten jeweils die durch das Rechtsgeschäft mit dem Dritten betroffenen Gesellschafter gehandelt.
Ist der Gesellschaftsvertrag oder auch nur das der Erteilung der Vertretungsmacht zugrundeliegende Rechtsverhältnis mit Willensmängeln behaftet, so ist das im Hinblick auf die gegenüber Dritten wirkende Vollmacht ohne Belang. Laband hat die Vertretungsmacht als das rechtliche „Können" nicht aus Zufall gerade im Zusammenhang mit der *handelsrechtlichen* Vollmacht von dem die Beziehung des Vertreters zum vertretenden betreffenden rechtlichen „Dürfen" abstrahiert. Auch betreffs der *Unwirksamkeit* der die nach außen wirkende Vollmacht legitimierenden Rechtsbeziehungen, also nicht allein betreffs des aus deren Wirksamkeit resultierenden „Dürfens", kann es dem das Innenverhältnis regelmäßig nicht kennenden Dritten schwerlich zugemutet werden, sich nur auf eine durch das Innenverhältnis legitimierte Vertretungsmacht verlassen zu dürfen.

85 Vgl. etwa Anm. 19, S. 48, Fn. 28; siehe auch Schumann, Handelsrecht, Bd. 1, 1956, S. 214.

86 Vgl. Anm. 85 sowie Anm. 47, Bem. 81, 118.

sei nur Kenntis der wahren Sachlage dem Dritten zu schaden geeignet[87]. Nach einer anderen Ansicht[88] schließt bereits Fahrlässigkeit guten Glauben aus. Von einer Vertrauenshaftung oder einer Haftung kraft Rechtsscheins kann laut Robert Fischer[89] insofern gar nicht mehr die Rede sein, als auch die fehlerhafte Gesellschaft bis zu ihrer Auflösung und Beendigung rechtliche Anerkennung genießt. Gerade Fischer[90] hebt jedoch hervor, daß es in Hinsicht auf die Begründung einer auch nur fehlerhaften Gesellschaft zumindest des Abschlusses eines Gesellschaftsvertrages bedürfe. Die Notwendigkeit des guten Glaubens wäre demnach von einem typischerweise gerade *nicht* nach außenhin erkennbaren Vorgang abhängig gemacht. Die Rechtsstellung des Dritten wäre beispielsweise grundverschieden je nach dem, ob die Gesellschafter die Gesellschaft nur betätigt oder aber zwar einen Gesellschaftsvertrag geschlossen, sich indessen nicht über alle Punkte geeinigt haben, „über die nach der Erklärung auch nur einer Partei eine Vereinbarung getroffen werden soll" (vgl. § 154 I 1 BGB). Die verschiedene Behandlung beider Fälle ist um so erstaunlicher, als nach § 154 I 1 BGB der zuletzt genannte Fall im Zweifel wie der zuerst genannte Fall behandelt werden soll; man habe anzunehmen, es sei „im Zweifel der Vertrag nicht geschlossen".

Was sodann die durch Scheingeschäft (§ 117 I BGB) begründete Gesellschaft betrifft, so sind Dritte, „die den wahren Sachverhalt kennen", laut Fischer[90] „nicht schutzbedürftig". Diese Lösung leuchtet ein, doch sie verträgt sich schlecht mit der u.a. von Fischer[91] vertretenen Ansicht, es hafte der einer Gesellschaft fehlerhaft Beitretende in – analoger? – Anwendung des § 130 HGB auch für bereits vor seinem Beitritt entstandene Schulden. Der Altgläubiger läuft in diesem Fall gleich gar nicht Gefahr, sich durch Kenntnis „des wahren Sachverhalts" um den Genuß des Vertrauensschutzes zu bringen. Die Haftung des neu eingetretenen Gesellschafters würde für den Altgläubiger ohnehin, was Fischer[91] denn auch nicht verkennt, „gewissermaßen ein Geschenk" bedeuten, „das ihm ohne sein Zutun einfach in den Schoß fällt". Daß der Empfang des Geschenks nicht einmal am bösen Glauben des Empfängers scheitern kann, der naturgemäß noch nicht zu wissen in der Lage ist, es werde beispielsweise der spätere Beitritt des weiteren Gesellschafters auf einer durch die ursprünglichen Gesellschafter begangenen arglistigen Täuschung beruhen, ist weder „sachgerecht" noch gerecht: Gesetzt, es sei der

87 So beispielsweise Hueck (Anm. 85).

88 Vgl. insoweit Lobedanz, Der Einfluß von Willensmängeln auf Gründungs- und Beitrittsgeschäfte, 1938, 1938, S. 42. Der von Lobedanz vertretene Standpunkt ist durch die von Lobedanz befürwortete analoge Anwendung der §§ 171 bis 173 BGB zu erklären.

89 Anm. 17, Bem. 104.

90 Anm. 17, Bem. 109.

91 Vgl. bei LM Nr. 2 zu § 130 HGB (zu BGHZ 44, 235 ff.).

Beitretende schlau genug, sich nicht täuschen zu lassen; der Beitretende wirke vielmehr selbst bei einer Täuschung mit, und zwar bei einer Irreführung des Rechtsverkehrs insoweit, als der Beitritt einverständlich „nur zum Schein" (§ 117 I BGB) erfolgt. Kontrahiert die durch Scheingeschäft erweiterte Gesellschaft nunmehr mit einem Dritten, so kann sich der neu eingetretene Gesellschafter auf den bösen Glauben des Dritten berufen, obwohl er, wie vorausgesetzt, in diesem Fall nicht etwa selbst das Opfer einer Täuschung ist, sondern vielmehr seinerseits den Dritten an der Nase hat herumführen wollen. Wir haben es zudem, was die zuletzt genannte Fallgestaltung anbelangt, nicht wiederum mit einer dem Dritten „ohne sein Zutun" einfach in den Schoß fallenden Gabe zu tun.

Die Haftung des einer Gesellschaft durch fehlerhaftes Rechtsgeschäft Beitretenden für bereits vor dem Beitritt entstandene Schulden bedeutet den Schutz eines des Schutzes jedenfalls insoweit schwerlich bedürfenden Verkehrs. Wären die Gesichtspunkte der „Rechtssicherheit" sowie der „Rechtsklarheit", auf die sich namentlich Fischer[92] beruft[93], im Sinne der Unbeachtlichkeit des bösen Glaubens des Dritten zu interpretieren, so sollte dies auch bei der durch ein Scheingeschäft zustande kommenden Gesellschaft gelten. Was den Schutz des Rechtsverkehrs betrifft, so stellt die durch Scheingeschäft gegründete Gesellschaft nur einen Sonderfall der Scheingesellschaft dar (III 1). Daß der Schutz des Dritten nicht an dessen bösen Glauben sollte scheitern können, ist nun aber in der Tat kaum einzusehen. Es liegt vielmehr nahe, betreffs des Schutzes des Dritten nach Maßgabe von dessen Gutgläubigkeit zu differenzieren. Wie man hierbei vorzugehen habe, braucht nicht etwa eine Frage nur des Rechtsgefühls zu sein; ist es doch auch diesmal bereits die gesetzliche Regelung, welche die Herausarbeitung „sachgerechter" (vgl. I 2) Kriterien erlaubt.

Sofern die herrschende Lehre den Dritten nur bei Gutgläubigkeit schützt, werden, wie erwähnt, betreffs der an den guten Glauben zu stellenden Anforderungen verschiedene Ansichten vertreten. Zieht man zur Begründung des Instituts der Scheingesellschaft die Vorschrift des § 15 I HGB entsprechend heran[94], so steht dem guten Glauben des Dritten nur Kenntnis im Wege. Motiviert man die Anerkennung der Scheingesellschaft demgegenüber durch analoge Anwendung der Bestimmungen der §§ 171 bis 173 BGB, so

92 Siehe Anm. 91, a.E.

93 Der BGH (Z 44, 235 [236]) zieht zur Begründung letztlich die „für die fehlerhafte Gesellschaft geltenden Rechtsgrundsätze" heran. Der vom BGH, a.a.O., S. 237 oben, gezogene „Schluß" ist um so weniger zwingend, als die „für die fehlerhafte Gesellschaft geltenden Rechtsgrundsätze" jedenfalls insoweit, als sie nicht in den „Rechtsscheinsgrundsätzen" (hierzu Anm. 86) bestehen, erst hätten bewiesen werden müssen.

94 Vgl. Anm. 87.

liegt böser Glaube bereits im Falle bloßer Fahrlässigkeit vor[95]. Bei jeder dieser Auffassungen wird unnötig schematisiert. Folgt man dagegen den gesetzlichen Vorschriften, so braucht man sich weder zu der einen noch zu der anderen Ansicht zu bekennen. Es kommt vielmehr darauf an.

Gesetzt, es sei der Gesellschaftsvertrag aufgrund arglistiger Täuschung wenigstens eines Gesellschafters durch wenigstens einen weiteren Gesellschafter zustandegekommen. Kontrahieren die Gesellschafter nunmehr mit einem Dritten, so ist typischerweise auch dieser Vertrag in Hinsicht auf die Beteiligung des Getäuschten durch die arglistige Täuschung ursächlich bedingt. Angenommen sodann, es habe der Dritte vor Abschluß des Vertrages von der arglistigen Täuschung zwar nicht Kenntnis erlangt. Er hätte sie jedoch „erkennen müssen". Dann kann sich der Dritte, der in § 123 II 1 BGB gerade nicht als „Dritter", sondern als Empfänger der empfangsbedürftigen Erklärung figuriert, auf die Wirksamkeit des Geschäfts nicht berufen. War der Gesellschaftsvertrag dagegen nur nach § 119 BGB der Anfechtung unterworfen, so wird, wie sich bereits ergeben hat (III 2), der Mangel des Gesellschaftsvertrages kaum einmal zugleich das mit dem Dritten abgeschlossene Geschäft befallen. Was insbesondere die Anfechtung nach § 119 II BGB betrifft, so müßte der Irrtum *auch im Hinblick auf das mit dem Dritten abgeschlossene Geschäft* solche Eigenschaften betreffen, „die im Verkehr als wesentlich angesehen werden". Liegt ein Irrtum dieser Art nicht vor, so kommt es insoweit auf Kenntnis oder fahrlässige Unkenntnis seitens des Dritten nicht an.

Bereits v. Savigny[96] lehrt betreffs des Verhältnisses zwischen arglistiger Täuschung und Drohung, es sei „in dem Zwang die schlimmere, gefährlichere Störung des Rechtszustandes enthalten . . . , vergleichsweise mit dem Betrug". Diese Wertung haben sich auch die Verfasser des BGB zu eigen gemacht[97]; beruht die Abgabe einer Willenserklärung auf Drohung, so ist sie schlechthin anfechtbar in dem Sinn, als das Anfechtungsrecht nicht etwa allein gegenüber dem Drohenden oder demjenigen besteht, der die Drohung kannte oder

95 Vgl. Anm. 88.

96 Anm. 71, S. 100.

97 Vgl. Mot. I, 206 (Mugdan I, 466); Prot. I, 250 (Mugdan I, 723); Mugdan I, 834 (Denkschrift). – Was die *Begründung* der genannten Wertung anbetrifft, so heißt es freilich in den Motiven (a.a.O.), es lehre die Erfahrung, „daß nicht selten, namentlich in aufgeregten Zeiten, einzelne Personen Drohungen im Interesse Vieler mit Erfolg anwenden, und es leuchtet ein, in welcher ungünstigen Lage der durch solche Drohungen zu Leistungen Veranlaßte sich befinden würde, wenn er Jedem, der infolge dessen etwas erlangt hat, seine Mitschuld oder auch nur sein Kennen oder Kennenmüssen nachweisen sollte". –

kennen mußte[98]. Was jedenfalls die durch Drohung gegenüber wenigstens einem Gesellschafter zustande gekommene Personalgesellschaft betrifft, so dürfte es nicht unvertretbar sein, gemäß den allgemeinen Vorschriften zu entscheiden. Der durch die Drohung Betroffene kann die Drohung auch dem Dritten gegenüber geltend machen, sofern nicht nur die Beteiligung am Abschluß des Gesellschaftsvertrages, sondern überdies die Teilnahme an dem mit dem Dritten eingegangenen Rechtsgeschäft auf der aus der Drohung resultierenden „Zwangslage" (vgl. § 124 II 1 BGB) beruht. Ähnlich ist im Hinblick auf die Beteiligung geschäftsunfähiger oder beschränkt geschäftsfähiger Personen[99] zu entscheiden; ist der Mangel noch bei Abschluß des Vertrags mit Dritten vorhanden, so vermögen weder der Schein des Bestehens eines rechtswirksamen Gesellschaftsverhältnisses noch das darein gesetzte Vertrauen des Dritten den Schutz des nicht voll geschäftsfähigen Gesellschafters zu vereiteln.

Leidet der Gesellschaftsvertrag dagegen unter offenem (§ 154 I BGB) oder verstecktem (§ 155 BGB) Dissens, so haben wir es zwar insofern mit einem andern Fall als dem des einseitigen sowie übrigens auch des mehrseitigen Irrtums nach § 119 II BGB zu tun, als es sogar an einem objektiven Erklärungswert[100] fehlt. Jedoch im Hinblick auf den Schutz der Interessen Dritter ist diese Abweichung ohne Belang. Wie der den Gesellschaftsvertrag störende Irrtum, so wird sich auch der auf ihn beziehende Dissens auf das mit dem Dritten abgeschlossene Rechtsgeschäft kaum einmal – insbesondere nicht nach §§ 119 II, 119 I, 142 I BGB – auswirken können.

Erman[101] bildet, und zwar mit Absicht schematisierend, folgenden Fall. Anläßlich der Gründung der Gesellschaft werden von beiden Beteiligten Sacheinlagen erbracht. Jeder hält die eigene für die wertvollere, und es interpretiert demgemäß jeder das vereinbarte Gewinnverhältnis von 2/3 zu 1/3 zu seinen Gunsten. Obwohl es infolge der Mehrdeutigkeit des Vertrags-

98 Übrigens sollte nach dem Vorentwurf (Gebhard, Allg. Teil II, 2, § 21 Abs. 2) auch der von einem Dritten verübte Zwang nur beachtlich sein, wenn der Empfänger der Willenserklärung davon wußte oder wissen mußte.

99 Hinsichtlich der Problematik des Minderjährigenschutzes vgl. etwa Anm. 19, S. 47. Einer detaillierten Behandlung des Minderjährigenschutzes oder auch des damit verwandten Schutzes der Vermögensgrundlage der Familie (§ 1365 BGB; vgl. insoweit Anm. 47, Bem. 108) bedarf es im Rahmen dieser Untersuchung um so weniger, als auch die h.L. die von ihr sonst für nötig gehaltene rechtliche Anerkennung des Faktischen oder auch die von ihr befürwortete Einschränkung von Nichtigkeitsfolgen insoweit rückgängig macht: siehe diesbezüglich bereits BGHZ 3, 285 (288) sowie noch Robert Fischer, Anm. 17, Bem. 98 (betr. der Rechtsbeziehungen der Gesellschafter untereinander).

100 Vgl. hierzu RGZ 165, 193 (198); vgl. auch Erman (Westermann), Bem. 4 zu § 133 BGB[4].

101 Anm. 11, S. 27.

textes bereits an einem objektiven Erklärungswert fehlt, darf dennoch die Rechtslage des Dritten, mit welchem die Gesellschafter später kontrahieren, keine schlechtere sein als im Fall eines nicht auf arglistiger Täuschung beruhenden ein- oder mehrseitigen Irrtums. Auf den Vollzug der Gesellschaft kommt es insoweit nicht an. Für die zwischen den mit ihm kontrahierenden Personen bestehenden Rechtsbeziehungen braucht sich der Dritte, wie anläßlich der Vorschrift des § 427 BGB näher dargelegt worden ist (III 2), im Grundsatz nicht zu interessieren. Der Eintritt der nach § 427 BGB angeordneten gesamtschuldnerischen Haftung setzt insbesondere kein durch Vertrag begründetes Rechtsverhältnis zwischen den mehreren sich ***durch Vertrag mit dem Dritten*** verpflichtenden Personen voraus. Die insbesondere nach der Systematik Fischers[102] für die Anwendung der Rechtsscheinsgrundsätze ausschlaggebende Unterscheidung zwischen dem Fehlen eines Gesellschaftsvertrags einerseits und andererseits dessen Fehlerhaftigkeit ist hinsichtlich der Schutzwürdigkeit des Dritten irrelevant. Folgt man den gesetzlichen Bestimmungen, so braucht man nicht nach derartig wenig „sachgerechten" Kriterien zu differenzieren.

Durchaus überflüssig ist es schließlich, dem durch eine unerlaubte Handlung verletzten Dritten vermittels der rückwirkenden Annahme einer Scheingesellschaft helfen zu wollen. Angenommen wiederum, es werde der Gesellschaftsvertrag wirksam angefochten. Dann ist das gesellschaftsrechtliche Rechtsverhältnis so anzusehen, als sei es von Anfang an unwirksam gewesen (§ 142 I BGB). Gesetzt sodann, es hätten die Gesellschafter zum Vorteil ihres Unternehmens arbeitsteilig eine unerlaubte Handlung begangen. Dann ist dieses Faktum ungeachtet des Bestehens des gesellschaftsrechtlichen Rechtsverhältnisses nach den Vorschriften der §§ 830, 840 I, 421 BGB zu werten. Auch hinsichtlich dieser Bestimmungen kommt es auf das Bestehen einer Vertragsbeziehung zwischen den auf der Aktivseite der unerlaubten Handlung beteiligten mehreren Personen nicht an. Zur Vornahme der unerlaubten Handlung, und zwar insbesondere zur Begehung eines Betruges, kann natürlich gerade die Vortäuschung der Existenz einer Gesellschaft gehören, die angeblich u.a. aus als vermögend bekannten Personen besteht. Das Erwecken eines solchen Scheins ist jedoch bereits durch den Tatbestand des Betruges (vgl. §§ 263 I StGB, 823 II, 830 BGB) vollständig erfaßt. Wird die unerlaubte Handlung dagegen nicht mit Hilfe des Vortäuschens des Scheins einer Gesellschaft begangen, so pflegt sie durch den Dritten auch nicht im Vertrauen auf den Bestand der Gesellschaft erlitten zu werden. Mit der Annahme einer Scheingesellschaft ist daher auch in diesem Fall nichts gewonnen. Wird die unerlaubte Handlung nicht durch die Gesamtheit der Gesellschafter, sondern nur durch einen Teil der Gesellschafter oder auch durch Dritte begangen, welche als Organe, als Vertreter oder zur Verrichtung

---

102 Vgl. Anm. 17, Bem. 81, 104, 109.

von Geschäften der Gesellschaft bestellt worden sind, so darf sich hieraus in dem Maße, als die unerlaubte Handlung den Gesellschaftern zugerechnet werden kann[103], keine Schlechterstellung des Verletzten ergeben. Läßt jemand zu seinem Vorteil einen Dritten agieren, so ist es angemessen, ihn in gewissem Umfang auch für die mit der Tätigkeit des Dritten verbundenen Schäden aufkommen zu lassen. Durch diese Wertung sind insbesondere die Vorschriften der §§ 31, 831 BGB motiviert, und einer analogen Anwendung der genannten Bestimmungen steht nichts im Wege.

4. Haftbarkeit der Restgesellschaft

Fassen wir zusammen. Ist der Gesellschaftsvertrag ein Scheingeschäft, kann er wegen eines ein- oder mehrseitigen Irrtums nach § 119 BGB angefochten werden, beruht er auf einer weder bekannten noch infolge von Fahrlässigkeit unbekannten arglistigen Täuschung eines Beteiligten oder ist er wegen offenen oder versteckten Einigungsmangels nicht wirksam zustandegekommen, so ist der mit der fehlerhaften Gesellschaft kontrahierende Dritte regelmäßig bereits aufgrund der gesetzlichen Vorschriften vollauf geschützt. Liegt der ursprünglichen Beteiligung oder dem späteren Beitritt wenigstens eines Gesellschafters dagegen eine diesem gegenüber widerrechtlich vorgenommene Drohung oder eine dem Dritten bekannte oder fahrlässigerweise unbekannte arglistige Täuschung zugrunde, so geht der Schutz des Gezwungenen oder des Getäuschten, falls der Zwang oder der Irrtum zugleich die Teilnahme an der Eingehung von Rechtsbeziehungen mit einem Dritten betrifft, dem Schutz des Dritten vor. Ähnlich ist zu entscheiden, wenn wenigstens ein Gesellschafter nicht voll geschäftsfähig, also beschränkt geschäftsfähig oder geschäftsunfähig ist. Wie den Schutz des Dritten, so kann man auch den in den zuletzt genannten Fällen höherrangigen Schutz des Gesellschafters durchweg der in den gesetzlichen Vorschriften hinlänglich zum Ausdruck gelangenden Wertung entnehmen. Jedoch auch insoweit, als die gesetzliche Regelung tatsächlich lückenhaft ist, führt die Annahme einer „Scheingesellschaft" nicht weiter. Gesetzt, es hätten A und B den vermögenden C in einen Verkehrsunfall verwickelt. C ist an dem Unfall nicht schuld. Dies können andere Personen als A und B indessen nicht bezeugen. Es drohen A und B gerade umgekehrt damit, vor Gericht das Gegenteil zu bekunden, es beteilige sich denn C an einer mit A und B zusammen zu errichtenden Gesellschaft. C scheut das Risiko strafgerichtlicher Verurteilung; die Gesellschaft kommt zustande, und man kauft von einem Dritten D ein Grundstück.

---

103 Problematisch ist beispielsweise die Begehung einer unerlaubten Handlung durch einen von mehreren zur Gesamtvertretung berufenen Gesellschaftern; vgl. hierzu sowie zu weiteren einschlägigen Fragen Hueck, Anm. 19, S. 274 ff. m. Nachw.

Wie die Beteiligung des C am Gesellschaftsvertrag, so haben A und B auch die Mitwirkung an dem mit D geschlossenen Kaufvertrag nur mittels Zwanges herbeizuführen vermocht. Was demzufolge C betrifft, so ist D, wie wir gesehen haben (III 3), nicht geschützt. Es liegt indessen nahe, dem D den Anspruch auf Zahlung des Kaufpreises zumindest gegen A oder auch gegen B zu gewähren, und zwar jedenfalls dann, wenn D den Mangel des Gesellschaftsvertrages nicht positiv gekannt haben sollte; scheint doch jedenfalls insofern das Interesse des D in höherem Maß als die Interessen des A sowie des B des Schutzes würdig zu sein. Wiederum ist man versucht, den in der Vergangenheit liegenden Mangel am Abschluß eines wirksamen Gesellschaftsvertrages zum Schutz des D durch Annahme einer Scheingesellschaft heilen zu wollen. Der Schutz des D wird diesmal durch den des C begrenzt. Die Rechtsscheinhaftung soll jedoch im übrigen bestehen bleiben[104], und so erklärt es sich denn auch, daß man dem nicht durch den Mangel betroffenen Gesellschafter die Berufung auf die Erstreckung des Mangels auf die eigene Beteiligung (§ 139 BGB) versagt[105].

Was jedoch zunächst die Vorschrift des § 139 BGB betrifft, so ist mit dem „Teil" des Rechtsgeschäfts nicht etwa ein Teil der mehreren im Hinblick auf das Zustandekommen des Vertrages erforderlichen inhaltsgleichen Erklärungen gemeint[106]. Der „Teil" ist vielmehr auf den genannten Inhalt bezogen. Um den rechtsgeschäftlichen Inhalt geht es auch in der dem § 139 voraufgehenden Vorschrift des § 138 sowie in der ihm folgenden Bestimmung des § 140 BGB. Was dagegen die Fähigkeit jeweils mehrerer Erklärungen anbelangt, *hinsichtlich ihres gegenseitigen Verhältnisses* ein rechtswirksames Rechtsgeschäft zustande zu bringen, so setzt die gesetzliche Regelung erst mit den Vorschriften der §§ 145 ff. BGB ein. Ist ein Rechtsgeschäft beispielsweise erst insoweit „teilweise" fertig, als es noch der mit dem Antrag korrespondierenden Annahme bedarf, so ist die rechtliche Beurteilung den Vorschriften des 3. Titels des Allgemeinen Teils des BGB zu entnehmen. Diese Vorschriften regeln insbesondere den Fall, daß die Erklärungen der einzelnen Geschäftsteilnehmer „teilweise" unvollständig sind (vgl. etwa § 151 S. 1, aber auch § 153 BGB). Was das Zustandekommen eines Vertrages aufgrund des

---

104 So Baumbach-Duden, Bem. 8 zu § 105 HGB[19] für den Fall, daß einer der Gesellschafter (nur bei Abschluß des Gesellschaftsvertrages oder auch noch bei Abschluß des Vertrages mit dem Dritten?) geschäftsunfähig ist.

105 So wiederum Baumbach-Duden (Anm. 104).

106 So aber bereits v. Tuhr (Anm. 66, S. 285) sowie Flume (Anm. 60, S. 573). Irreführend ist es insbesondere, wenn neuerdings v. Esch (Teilnichtige Rechtsgeschäfte, 1968, S. 65 f.) im Hinblick auf § 139 BGB von „subjektiver Teilbarkeit" spricht. – Hinsichtlich des Zusammenhanges der Vorschrift des § 139 BGB mit dem sogenannten „genetischen Synallagma" vgl. die sorgfältige Darstellung bei Rittner, Über die Entbehrlichkeit des sog. genetischen Synallagmas, in: Festschr. f. Heinrich Lange (1970), S. 213 ff.

Zusammentreffens mehrerer Erklärungen betrifft, so ist weniger § 139 als vielmehr § 140 BGB der allenfalls *analogen* Anwendung fähig, und zwar in dem Sinn, als es darauf ankommt, ob ein Teil der Beteiligten den Vertrag auch dann geschlossen hätte, wenn davon ausgegangen worden wäre, daß die Beteiligung eines weiteren Partners unmöglich sei. Hinsichtlich der zuletzt genannten Frage müssen indessen weitere Gesichtspunkte berücksichtigt werden. Diese Gesichtspunkte sind in der gesetzlichen Regelung nun aber in der Tat nur ansatzweise erkennbar. Es handelt sich vor allem um den *Abschluß von Verträgen zwischen mehr als zwei Personen.*

Die Verfasser des gerade insoweit weniger „allgemeinen" als vielmehr typischen Allgemeinen Teils des BGB haben vornehmlich den Abschluß von Verträgen zwischen zwei und nur zwei Personen ins Auge gefaßt. Der Abschluß von Verträgen zwischen zwei Personen stellt tatsächlich lediglich einen Sonderfall dar. Zahlreiche Probleme können sich, was diesen Fall betrifft, gleich gar nicht ergeben. Man macht sich dies kaum besser als anhand der „faktischen" Gesellschaft klar: Es setze sich eine Gesellschaft – so unser Beispiel – aus genau drei Personen zusammen. Der zwischen A, B und C geschlossene Gesellschaftsvertrag hat mit dem zwischen einerseits der Gesellschaft sowie andererseits D vereinbarten Kauf die folgende Gemeinsamkeit. Wir haben es in beiden Fällen mit einem Vertrag zwischen mehr als zwei Personen zu tun. Daß am Kaufvertrag eine zusätzliche Person beteiligt ist, ist insoweit unerheblich. Es hätten ja auch am Abschluß des Gesellschaftsvertrages im vorhinein vier Personen teilnehmen können. Dennoch ist der Kaufvertrag in einem wichtigen Punkt vom Gesellschaftsvertrag grundverschieden. A und B wirken am Gesellschaftsvertrag nicht auf dieselbe Weise wie etwa A und D am Kaufvertrag mit. Was nämlich den Kaufvertrag anlangt, so stimmt die Anzahl der *sich im Sinne des Schuldverhältnisses* (§§ 433 ff. BGB) *gegenüberstehenden Seiten* mit der Anzahl der berechtigten und verpflichteten Personen *nicht* – wie im Fall des Gesellschaftsvertrages – überein. A steht dem B wie eine Seite einer andern Seite, dem D jedoch *nur als Mitglied der die eine Seite bildenden Gruppe*, gegenüber. Die Menge der jeweils insgesamt an dem Vertrag teilnehmenden[107] Personen ist in dem zuletzt genannten Fall *gegliedert*, und die *diese Gliederung* stiftende Ordnung setzt nicht etwa das Bestehen oder den Schein des Bestehens einer Juristischen Person oder die Existenz einer ähnlichen Zusammenfassung von natürlichen (oder auch erneut juristischen) Personen voraus. Die Ordnung kommt vielmehr bereits durch die Zweiseitigkeit des durch Vertrag zu begründenden Schuldverhältnisses zustande; dieser Umstand kann betreffs der

107 Unter „Teilnahme" am Vertrag wird nicht die – auch für den Vertreter zutreffende – Mitwirkung beim rechtsgeschäftlichen Akt des Vertragsschlusses, sondern die Betroffenheit durch die – möglicherweise durch Vertretungsmacht vermittelten – Vertrags*wirkungen* verstanden.

rechtlichen Beurteilung von Willensmängeln nicht unberücksichtigt bleiben[108]:

Wäre jedem Willensmangel jeder der mit D kontrahierenden Personen dasselbe Gewicht beizumessen wie einem Willensmangel des D, so wäre das Risiko jeder Seite, mit einem irgendwie „unfähigen“ Partner (vgl. III 2) ins Geschäft zu kommen, ungleich verteilt. Was nun die im Rahmen eines Schuldverhältnisses einander gegenüberstehenden Pflichten anbelangt, so kommt es anerkannterweise darauf an, ob mit einer Pflicht wiederum nur eine Pflicht oder aber ob mit einer Menge von Pflichten erneut eine Menge von Pflichten korrespondiert. Fährt der Verkäufer eines PKW den PKW vor Übergabe fahrlässig zu Schrott oder gerät der PKW auf derselben Fahrt aufgrund eines dem Verkäufer nicht zurechenbaren Umstandes in Brand, so kann der Käufer jedesmal (vgl. §§ 325, 323 BGB) die Zahlung des Kaufpreises verweigern. Wird dagegen das durch einen von mehr als zwei Gesellschaftern einzubringende Patent für nichtig erklärt, so braucht gleichwohl der Gesellschaftszweck nicht unerreichbar zu werden, und die Verpflichtung jedes weiteren Gesellschafters zur Erbringung der von ihm geschuldeten Einlage kann trotz § 323 BGB weiterbestehen[109].

---

108 Nicht zu befolgen ist insbesondere der von Heinrich Pierer von Esch bei der Behandlung der Teilnichtigkeit vollzogener Gesellschaftsverträge beschrittene Weg. Das Faktum des Vollzug ist den vollständig nichtigen Gesellschaftsvertrag so wenig zu heilen wie den Schluß von der Teilnichtigkeit auf vollständige Nichtigkeit zu verhindern imstande. Es gibt auch in diesem Zusammenhang nicht „das objektive Moment der vollzogenen Gesellschaft“ (Teilnichtige Rechtsgeschäfte, 1968, S. 124). Eine Analyse der Struktur des Gesellschaftsvertrages, insbesondere der Vergleich der Beteiligung am Gesellschaftsvertrag mit der Beteiligung an zweiseitigen Verträgen, hätte demgegenüber die Herausarbeitung rechtlich relevanterer Kriterien gestattet.

109 In diesem Zusammenhang pflegt diskutiert zu werden, ob der Gesellschaftsvertrag zu den gegenseitigen Verträgen gehöre (vgl. etwa Hueck, Gesellschaftsrecht, 15. Aufl., 1970, S. 27). Diese Diskussion führt nicht weiter. Sofern man unter einem gegenseitigen Vertrag einen solchen versteht, bei welchem sich die Beteiligten nicht aus Menschenfreundlichkeit verpflichten, sondern im Hinblick auf eine mit der eigenen Verpflichtung korrespondierende Bindung der mit ihnen kontrahierenden Partner, ist der Gesellschaftsvertrag, „wie der Augenschein zeigt, ein gegenseitiger Vertrag“ (so richtig Heck, Grundriß des Schuldrechts, 1929, S. 376). Die Absicht der Erreichung eines gemeinsamen Zwecks schließt nicht etwa, wie Hueck, a.a.O., meint, die Gegenseitigkeit der eingegangenen Verbindlichkeiten aus. Der Einzelne kann insbesondere die Förderung eines gemeinsamen Zwecks davon abhängig machen, daß sich auch die weiteren Vertragsbeteiligten den gemeinsamen Zweck jeweils auf ihre Weise zu fördern verpflichten. Es handelt sich nicht darum, ob der Gesellschaftsvertrag ein gegenseitiger Vertrag „ist“. Es handelt sich vielmehr darum, inwieweit die Vorschriften der §§ 320 ff. BGB, die lediglich einen *zwar häufig vorkommenden, jedoch nicht etwa den allgemeinen Fall* des gegenseitigen Vertrages betreffen, auf die durch Gesellschaftsverträge zu begründenden Rechtsverhältnisse sinngemäß anwendbar sind. (Forts. S. 35).

Wie die Störung einzelner Leistungen je nach Art der nebeneinander bestehenden Pflichten, so sollte man nun aber nicht minder die *Mängel einzelner rechtsgeschäftlicher Erklärungen je nach Art des durch diese Erklärungen vorzunehmenden rechtsgeschäftlichen Aktes* unterschiedlich gewichten. Von Bedeutung ist es hiernach, wie erwähnt, vor allem, ob sich die Menge der Geschäftsteilnehmer ihrerseits in Gruppen von Personen untergliedern läßt. Die zu einer solchen Gruppe gehörenden Personen sind an einem Willensmangel, unter welchem die Erklärung eines Mitglieds dieser Gruppe leidet, typischerweise „näher dran". Was insbesondere das anfangs angeführte Beispiel betrifft, so ist betreffs der Frage, ob A, B und D den Kaufvertrag auch ohne Beteiligung des C abgeschlossen hätten, zu differenzieren. A und B werden mit der Berufung darauf, sie würden den Kaufvertrag ohne Beteiligung des C nicht abgeschlossen haben, schon deshalb jedenfalls „im Zweifel"[110] nicht gehört, weil A und B mit C die eine Seite des Rechtsverhältnisses bilden und D im Grundsatz nicht schlechter gestellt sein soll, als hätten sich auf der ihm gegenüber stehenden Seite nur eine anstatt dreier Personen befunden (vgl. III 2)[111]. Daß A und B den Mangel, auf den sie sich berufen, selbst

---

„Austauschverträge" in dem Sinn, daß der einzelne Beteiligte „in der Leistung des andern den Wertausgleich für seine Leistung erhält" (so Fischer, Anm. 17, Bem. 47 b), kommen im geltenden Recht im Sinne einer objektiven Entsprechung der Werte der ausgetauschten Leistungen ohnehin nicht vor. Was demgegenüber den Umstand betrifft, für wie wert der Einzelne die von ihm erbrachte Leistung hält, so kann er sie durchaus für höchstens oder für mindestens oder für genau so wertvoll wie die Leistung seiner Vertragspartner halten und demzufolge die Eingehung der eigenen Verpflichtung von der Leistungsverpflichtung jedes weiteren Gesellschafters abhängig machen. Hinsichtlich der zuletzt genannten Abhängigkeit sollte freilich nicht von einem „genetischen" Abhängigkeitsverhältnis oder gar dem „genetischen Synallagma" die Rede sein; der Entstehungstatbestand eines Vertrages (§§ 145 ff. BGB) ist mit dem Verhältnis der in dem vertraglich begründeten Rechtsverhältnis enthaltenen Pflichten nicht zu verwechseln (treffend Rittner, Anm. 106, insbes. S. 220 ff.).

110 Wendet man § 140 BGB entsprechend an, so liegt es nahe, die Verteilung der Beweislast zum Vorteil des jeweils mit einer Mehrheit von Personen kontrahierenden Geschäftspartner umzukehren. Dasselbe gilt für den Fall, daß eine Mehrheit von Personen wiederum mit einer Mehrheit kontrahiert: den beweislastrechtlichen Nachteil trifft diejenige Mehrheit, zu welcher der Träger des Nichtigkeitsgrundes, also beispielsweise der Gezwungene, der Getäuschte oder der nicht voll Geschäftsfähige, gehört.

111 Schlegelberger-Gessler reden, was die teilweise Fehlerhaftigkeit von Gesellschaftsverträgen betrifft, einer äußerst zurückhaltenden Anwendung des § 139 BGB das Wort (Bem. 62 zu § 105 HGB[4] [1963]). Zu Unrecht. Der namentlich von Erman (Anm. 11, S. 29) und Hueck (Anm. 19, Fn. 10) behauptete Erfahrungssatz, es pflege die Aufrechterhaltung der Gesellschaft im Willen der Beteiligten zu liegen, muß anläßlich der Anwendung des § 139 BGB, wie v. Esch vortrefflich bemerkt, bereits im Hinblick auf die Ermittlung des hypothetischen Parteiwillens berücksichtigt werden (Teilnichtige Rechtsgeschäfte [1968], S. 120).

herbeigeführt haben, kommt hinzu, und es liegt nahe, A und B in entsprechender Anwendung des § 162 II BGB so anzusehen, als sei der mit D abgeschlossene Kaufvertrag *nicht* mit dem Mangel der Beteiligung eines gezwungenermaßen (§ 123 I BGB) handelnden Käufers behaftet[112].

112 Der Schutz des Dritten scheint auch ein im Rahmen des nunmehr (IV, V) zu diskutierenden Innenverhältnisses zu berücksichtigender Gesichtspunkt zu sein. Es handelt sich insbesondere um die Verschlechterung der Rechtsstellung des gegenüber der Gesellschaft berechtigten Dritten durch Verpflichtung der Gesellschaft zu einer auf mangelhafter Vertragsgrundlage erbrachten Einlage. Die Möglichkeit, daß der einzelne Gesellschafter die Voraussetzungen der Unpfändbarkeit eher als die Gesellschaft herbeizuführen vermag, ist in der Tat nicht auszuschließen. Gegen den Schutz des Gläubigers vor der Gefahr einer derartigen Erschwerung der Realisierung der ihm zustehenden Rechte spricht indessen, wie Brox (Die Einschränkung der Irrtumsanfechtung, 1960, S. 232) zutreffend bemerkt, die Vorschrift des § 122 Abs. 2 HGB. Der einzelne Gesellschafter der OHG ist hiernach vorbehaltlich der in Abs. 1 normierten Rechte nicht befugt, seinen Kapitalanteil ohne Einwilligung der anderen Gesellschafter zu vermindern. Das Einverständnis sämtlicher Gesellschafter scheint demgegenüber die Verminderung des Kapitalanteils eines Gesellschafters tragen zu können. Der Gesellschaftsgläubiger braucht nicht gefragt zu werden. Die Gesetzesverfasser scheinen ihn bereits im Hinblick auf die persönliche Haftung der einzelnen Gesellschafter für hinreichend geschützt zu betrachten.

IV. Die Beziehungen der Mitglieder einer durch fehlerhaften Vertrag errichteten Gesellschaft untereinander

Wie im Hinblick auf die Beziehungen einer fehlerhaft errichteten Gesellschaft zu Dritten (III), so glauben Rechtsprechung und Lehre auch in Hinsicht auf die zwischen den Gesellschaftern bestehenden Rechtsbeziehungen nicht an der de facto vollzogenen Gesellschaft vorbeigehen zu können. An der anfänglich von Siebert[113] sowie vor allem von Haupt[114] vertretenen Ansicht, es komme ein gesellschaftsrechtliches Rechtsverhältnis ungeachtet des Gesellschaftsvertrages bereits durch das Zusammenwirken der Gesellschafter oder auch durch den tatsächlichen Vollzug der Gesellschaft zustande, hält man freilich heute überwiegend nicht mehr fest (I 1). Die normative Kraft der Fakten bewährt sich indessen, wenngleich in einer andern Hinsicht, noch immer. Die für Haupts „faktische" Gesellschaft maßgebende Erwägung, es könne eine fehlerhaft errichtete, jedoch tatsächlich vorhandene Gesellschaft „rechtlich nicht ignoriert, sondern nur für die Zukunft beendet werden"[115], wird auch von den neueren Autoren ernsthaft nicht infrage gestellt (I 2). Was insbesondere die rechtliche Erhaltung des im Innenverhältnis der Gesellschafter Geschehenen betrifft, so soll die *Beschränkung der Folgen der Nichtigkeit oder auch der Anfechtbarkeit*[116] davor bewahren, Geschehenes ungeschehen zu machen.

1. Austauschbarkeit der Konstruktionen

Larenz hat der zwar fehlerhaften, jedoch in Vollzug gesetzten Gesellschaft nicht von ungefähr Eingang in seine juristische Methodenlehre[117] gewährt. Wir haben es gerade im Hinblick auf die rechtliche Beurteilung des Innenverhältnisses mit einer in konstruktiver Hinsicht bemerkenswerten Problematik zu tun.

Überraschend ist bereits der konstruktive Ansatz. Nimmt man Haupts[118] These wörtlich, so würde eine zwar fehlerhafte, jedoch in Vollzug gesetzte

---

113 Vgl. Anm. 5

114 Vgl. Anm. 1, insbes. S. 8 f. sowie 16 ff.

115 Anm. 1, S. 18.

116 Hinsichtlich der Lehre von Beschränkungsfolgen vgl. etwa Soergel-Schultze-v. Lasaulx, Bem. 91 zu § 705 BGB[10] sowie die Literaturhinweise a.a.O., Bem. 92.

117 Methodenlehre der Rechtswissenschaft, 2. Aufl., 1969, S. 372 f.

118 Anm. 1, S. 18

Gesellschaft unter der Voraussetzung, daß man sie *nicht* erst „für die Zukunft beendet", rechtlich „ignoriert". Die Rechtsordnung setzt sich nun aber nicht etwa allein aus gesellschaftsrechtlichen Normen zusammen. Auch bereicherungsrechtliche Normen bilden objektives Recht, und wer einen Sachverhalt unter bereicherungsrechtliche Normen subsumiert, ignoriert ihn auch in rechtlicher Beziehung nicht. Unter „rechtlicher Ignorierung" scheint denn in der Tat nur die Unterlassung der Anwendung *gesellschaftsrechtlicher* Normen verstanden zu werden. Wenn die heute vorherrschende Lehre[119] umgekehrt, und zwar im Ergebnis wie Haupt, die Anwendung gesellschaftsrechtlicher Normen in dem Sinn empfiehlt, es schließe die Fehlerhaftigkeit der vollzogenen Gesellschaft das Bestehen eines gesellschaftsrechtlichen Rechtsverhältnisses nicht aus, so tut sie dies aus wiederum gerade in konstruktiver Hinsicht bemerkenswerten Gründen. Wird doch gelehrt, es sei der – „an sich" gebotene – Bereicherungsausgleich „praktisch nicht mehr durchführbar, sobald die fehlerhaft begründete Gesellschaft auch nach außen vollzogen wurde und mit Dritten in rechtsgeschäftlichen Kontakt getreten ist"[120]. Die Entwirrung nach Bereicherungsrecht ist oft „schlechthin unmöglich", meinte schon Haupt[121], und neuerdings pflegt insoweit vor allem auf eine Arbeit von Ruland[122] Bezug genommen zu werden. Das von Ruland entworfene Bild der sich angeblich nach „allgemeinen Grundsätzen" ergebenden Nichtigkeitsfolgen[123] verwirrt in der Tat. Die allgemeinen Grundsätze sind jedoch nicht so, wie Ruland sie versteht, zu interpretieren, und die Kompliziertheit der sich aufgrund der allgemeinen Grundsätze, namentlich des Abstraktionsgrundsatzes (IV 1), ergebenden Rechtslage hält sich in Grenzen. Bevor wir die allgemeinen Grundsätze zu interpretieren beginnen, ist indessen eine noch allgemeinere Überlegung am Platz.

Was die Behandlung der internen Beziehungen der Mitglieder einer zwar fehlerhaft errichteten, jedoch in Vollzug gesetzten Gesellschaft betrifft, so kommt man nach der insoweit einhelligen Auffassung[124] um eine Abweichung vom Gesetz nicht herum. Nehmen wir an, es sei eine Abweichung vom Gesetz tatsächlich geboten. Dann ist gleichwohl zu beachten, daß „das Gesetz", von welchem abgewichen wird, nicht etwa aus einer und nur einer Vorschrift besteht. Wir haben es vielmehr mit einer Menge von Rechtssätzen zu tun, und diese Menge ist zudem in Teilmengen von jeweils systematisch

119 Vgl. Anm. 116.

120 Vgl. Esser, Anm. 23, S. 302.

121 Anm. 1, S. 17.

122 Das Innenverhältnis der nichtigen offenen Handelsgesellschaft (Diss. München), 1941.

123 Anm. 122, S. 4 bis 45.

124 Vgl. insofern auch die im Hinblick auf Eingriffe in die gesetzliche Regelung zurückhaltende Lehre Ermans, Anm. 11, S. 59 ff.

miteinander verwandten Rechtssätzen, in „Rechtsinstitute" in einem ähnlichen wie dem von v. Savigny[125] verwendeten Sinn dieses Ausdrucks, gegliedert. Jede Abweichung vom Gesetz läuft mithin auf die Abweichung von wenigstens einem der genannten Rechtsinstitute hinaus. Es kann insbesondere sein, daß man *dasselbe „praktische" Ergebnis vermittels eines Eingriffs in jeweils verschiedene Rechtsinstitute erreicht,* und mit genau einem solchen Fall haben wir es bei der Beurteilung der Rechtsbeziehungen zwischen den Mitgliedern einer fehlerhaft errichteten Gesellschaft zu tun.

Die gesetzliche Regelung läßt sich insoweit, als es darauf ankommt, sie im Hinblick auf die Behandlung des Innenverhältnisses der in Vollzug gesetzten fehlerhaften Gesellschaft zu modifizieren, in folgende drei Normbereiche gliedern. Es handelt sich zunächst um Normen hinsichtlich des Zustandekommens von Verträgen, und zwar namentlich von Schuldverträgen. Von diesen Normen, die wir kurz „Vertragsrecht" nennen, ist das Schuldvertragsprinzip[126] streng zu unterscheiden. Was das Schuldvertragsprinzip anlangt, so geht es darum, daß gewisse *Schuldverhältnisse* nur aufgrund Vertrages entstehen. Mit jeder Modifikation des Vertragsrechts ist eine solche des Schuldvertragsprinzips verbunden. Das Umgekehrte gilt nicht. Den dritten Bestandteil der gesetzlichen Regelung macht das Bereicherungsrecht aus.

Betrachten wir beispielsweise den durch das RG[127] in einer Entscheidung aus dem Jahr 1935 behandelten Fall, daß ein Unternehmer (A) einen andern (B) durch arglistige Täuschung über den jährlichen Umsatz des eigenen Unternehmens zur Beteiligung mit einer entsprechend hohen Einlage bestimmt. Auch wenn B den Schwindel erst nach einem Jahr bemerkt und erst jetzt die Anfechtung erklärt, so ist er nach den gesetzlichen Vorschriften gleichwohl berechtigt, die Einlage von A herauszuverlangen. Will man der gesetzlichen Regelung – wie das RG – nun aber nicht folgen, so gibt es wenigstens die folgenden drei Möglichkeiten. Man kann zunächst mit dem Schuldvertragsprinzip brechen und das gesellschaftsrechtliche Rechtsverhältnis zwischen A und B – trotz der §§ 705, 305 BGB – auch anders als durch Vertrag entstehen lassen. Beispielsweise durch „die tatsächliche Verwirklichung der

125 Anm. 40 § 5. Der von v. Savigny verwendete Begriff des „Rechtsinstituts" ist allerdings in mehrfacher Hinsicht der Präzisierung bedürftig. Einige der Ausführungen v. Savignys (insbes. S. 9) lassen den Eindruck entstehen, als gehe die Anschauung des Rechtsinstituts seiner positiven Setzung durch Gesetze voraus. Zu klären wäre überdies, inwieweit allgemeine Vorschriften, welche vom Gesetzgeber sozusagen vor die Klammer gesetzt worden sind, trotz ihrer Zugehörigkeit zu den besonderen Regelungskomplexen, für die sie jeweils gelten, eigene Rechtsinstitute zu bilden vermögen. Die Einheit eines Rechtsinstituts wäre insofern *doch* vom Gesetz, und zwar sogar von der Gesetzgebungstechnik, abhängig gemacht.

126 Siehe hierzu etwa Esser, Schuldrecht, Bd. 1, Allgemeiner Teil, 4. Aufl., 1970, § 11.

127 JW 1935, 2617; vgl. insoweit auch die Übersicht in Anm. 4.

gesellschaftsrechtlichen Zweckgemeinschaft" – so Haupt[128] – oder auch durch die gesellschaftsrechtliche Zusammenarbeit von A und B als solche – dies der jedenfalls anfängliche Ansatz von Siebert[5]. Sieht man bereits den Abschluß eines Schuldvertrags für entbehrlich an, so brauchen vertrags- oder bereicherungsrechtliche Normen einer Kritik gleich gar nicht unterzogen zu werden. Hält man demgegenüber am Erfordernis des Schuldvertrages fest, so läßt sich das gewünschte Ergebnis vermittels zweier weiterer Konstruktionen erreichen. Man kann einerseits das Vertragsrecht modifizieren, und zwar entweder dadurch, daß man das Zustandekommen von Verträgen erleichtert, oder aber – scheinbar (vgl. IV 3) – dadurch, daß man die Folgen von nicht zustandegekommenen Verträgen – hier: die sich aus § 142 I BGB ergebende Rechtsfolge – beschränkt.

Auf der andern Seite kommt in Betracht eine Modifikation des Bereicherungsrechts. Gerade diesen besonders naheliegenden Weg ist man erstaunlicherweise kaum gegangen[129].

Läßt sich die im Ergebnis beabsichtigte Abweichung vom Gesetz nun aber auf konstruktiv verschiedene Weise, und zwar vermittels des Eingriffs in jeweils verschiedene Rechtsinstitute, erreichen, so ist der Weg, den man beschreitet, nicht ins Belieben gestellt. Es kommt vielmehr, wie dies bereits formuliert (I 2) sowie betreffs der Scheingesellschaft praktiziert worden ist (III 2, III 3), darauf an, den Eingriff in die gesetzliche Ordnung auf ein Mindestmaß zu beschränken. Wie es der unschätzbare Vorteil einer – im Einzelnen vielleicht nicht immer „sachgerechten" – *gesetzlichen* Regelung ist, die gleiche Behandlung gleicher Fälle möglich zu machen, so sollten auch Abweichungen von der gesetzlichen Ordnung nach Möglichkeit die Probe der Allgemeinheit bestehen. Dieser Forderung aber wird man naheliegenderweise insbesondere dadurch gerecht, daß man *auch abweichende Lösungen* in möglichst hohem Maße an der Systematik des Gesetzes sowie an den in der Gesetzlichen Ordnung zum Ausdruck kommenden oder doch angedeuteten Wertungen teilhaben läßt. Wohin die Mißachtung dieser Maxime zu führen vermag, hat namentlich die allgemeine Lehre von den faktischen Vertragsverhältnissen gezeigt.

Robert Fischer[130] sagt mit Recht, es sei die Lehre von der fehlerhaften Gesellschaft von Anfang an mit der „schweren Hypothek" belastet gewesen, „daß sie mit der Lehre von dem faktischen Vertragsverhältnis in Zusammenhang gebracht wurde". Der allgemeinen Lehre von den faktischen Vertragsverhältnissen geht nun aber, wie bereits skizziert worden ist (I 1), die Lehre von der fehlerhaften Gesellschaft historisch voraus, und wenn es überhaupt dazu

---

128 Vgl. Anm. 114

129 Vgl. insofern immerhin Wolff, NJW 1952, 500; 1953, 1250.

130 Anm. 17, Bem. 74.

gekommen ist, später allgemein von faktischen Vertragsverhältnissen zu sprechen, so scheint dies nicht zuletzt die Folge einer bestimmten Art der Behandlung der fehlerhaften Gesellschaft zu sein. Insbesondere die frühere Lehre Sieberts[131], an welche Haupt[132] anknüpfen konnte, ist durch die Abweichung vom Schuldvertragsprinzip charakterisiert, und zwar durch die Verletzung des Satzes, daß „zur Begründung eines Schuldverhältnisses durch Rechtsgeschäft sowie durch Änderung des Inhalts eines Schuldverhältnisses" mangels abweichender gesetzlicher Regelung „ein Vertrag zwischen den Beteiligten erforderlich" ist (§ 305 BGB). Hält man den Abschluß eines Vertrages nun aber sogar bei einem so sehr vom guten Willen der Beteiligten abhängigen Geschehen wie dem Betrieb einer Gesellschaft für entbehrlich, dann scheint das die Benutzung einer Straßenbahn[133] oder die gebührenpflichtige Inanspruchnahme eines Parkplatzes[134] betreffende Rechtsverhältnis der vertraglichen Begründung erst recht nicht bedürftig zu sein.

Der BGH hat sich namentlich in der sogenannten „Parkplatzentscheidung" (Z 21, 319 ff.) zur allgemeinen Lehre von den faktischen Vertragsverhältnissen zumindest im Grundsatz[135] bekannt. Dieses Bekenntnis wäre trotz der im vorhinein ausgesprochenen Weigerung des Parkplatzbenutzers, die Parkgebühr nicht zahlen zu wollen, nicht nötig gewesen: Die Benutzung des Parkplatzes hätte als Vollzug eines entsprechenden Rechtsgeschäfts, die Weigerung der Zahlung als eine gemäß § 116 S. 1 BGB unbeachtliche protestatio facto contraria gewertet werden müssen[136]. Mag der Entscheidung deshalb im Ergebnis auch zu folgen sein, so ist es gleichwohl, wie Flume[137] treffend bemerkt, „bedenklich, wenn in richtigen, aber in anderer Weise zu begründenden Entscheidungen Sätze aufgestellt werden, die dann über die Entscheidung hinaus wirken". Eine derartige Wirkung hat die

131 Vgl. Anm. 5.

132 Anm. 1, Fn. 40

133 Schwerlich überzeugend LG Bremen, NJW 1966, 2360 f.: Ein achtjähriger Junge hatte die Straßenbahn ohne Wissen der Eltern vermittels eines ungültigen Fahrtausweises zu einer Spazierfahrt benutzt. Das Gericht gab sich mit der Verurteilung des Jungen zur Zahlung des Fahrpreises nicht zufrieden. Es auferlegte ihm zugleich die in den Allgemeinen Beförderungsbedingungen vorgesehene Buße. An den von den Gesetzesverfassern erkennbar beabsichtigten Minderjährigenschutz erinnern zu Recht Medicus, NJW 1967, 354 f., Berg, MDR 1967, 448 f. sowie Esser, Anm. 126, § 14 sub 2; abw. dagegen Larenz, Allgemeiner Teil des deutschen Bürgerlichen Rechts, 1967, § 34 II.

134 Vgl. BGHZ 21, 319 ff.

135 Anm. 134, S. 334 f.

136 Richtig Flume, Anm. 65, S. 99; vgl. auch die betreffs des „faktischen Vertragsverhältnisses" größere Zurückhaltung als BGHZ 21, 319 ff. übende Entscheidung NJW 1965, 387 (388).

137 Anm. 136, S. 103.

grundsätzliche Anerkennung des außervertraglichen Zustandekommens von Schuldverhältnissen, die nach der gesetzlichen Regelung einen Vertrag zur Voraussetzung haben, vor allem im Hinblick auf die Hofübergabe-Entscheidungen gezeitigt. Geht man mit dem BGH (Z 23, 249 [261]) davon aus, daß „jeder Bauer ... heute weiß, daß er seinen Hofnachfolger, wenn nicht die gesetzliche Erbfolge eintreten soll, nur durch Testament, Übergabevertrag oder Erbvertrag bestimmen kann und daß diese Rechtsgeschäfte formbedürftig sind", so ist der nur „faktischen" Hofübergabe Rechtswirksamkeit abzuerkennen. Flume[138] sagt mit Recht, es werde in Wahrheit der Versuch der Ersetzung der privatautonomen Gestaltung durch richterliche Entscheidung unternommen. Die Entscheidung BGHZ 23, 249 ff. ist auch im Ergebnis nicht haltbar, und die zu ihrer Begründung verwendeten Sätze[139] sind das Prinzip der privatautonomen Gestaltung von Schuldverhältnissen in einem nicht mehr zu übersehenden Umfang infrage zu stellen geeignet.

2. Abweichung vom Schuldvertragsprinzip

Zur Begründung eines Schuldverhältnisses durch Rechtsgeschäft sowie zur Änderung eines Schuldverhältnisses ist nach § 305 BGB „ein Vertrag zwischen den Beteiligten erforderlich, soweit nicht das Gesetz ein anderes vorschreibt". Die Vorschrift des § 305 BGB sagt, streng genommen, nur, daß man ein Schuldverhältnis, falls es *durch Rechtsgeschäft* zustandekommen soll, durch Vertrag begründen muß. Eine andere als die vertragliche Begründung sieht das Gesetz nur in bestimmten Fällen einseitiger Rechtsgeschäfte wie jedenfalls der Stiftung (§§ 80, 82 BGB) oder der Auslobung (§ 657 BGB) vor[140]. Deutlicher als in § 305 BGB heißt es in § 342 des Ersten Entwurfs[141]: „Das einseitige, nicht angenommene Versprechen ist unverbindlich, sofern nicht das Gesetz ein Anderes bestimmt". Sowohl die Entstehungsgeschichte des § 305 BGB[141] als auch ein Vergleich mit § 333 BGB lassen erkennen, daß die Gesetzesverfasser niemandem den Erwerb einer Forderung durch einseitiges Versprechen des Schuldners haben aufdrängen wollen. Eine solche Rücksicht auf den Willen dessen, der doch nur etwas

138 Anm. 136, S. 104.

139 So können, wie es auf S. 261 heißt, Vertragsverhältnisse „nach dem Grundsatz von Treu und Glauben auch durch tatsächliche Vorgänge, nicht bloß durch auf die Rechtsfolgen gerichteten rechtsgeschäftlichen Erklärungen begründet werden".

140 Ob auch die Annahme der Anweisung (§ 784 BGB) und die Schuldverschreibung auf den Inhaber (§§ 793 ff. BGB) einseitige Rechtsgeschäfte seien, ist strittig; die h.M. vertritt die sog. „Vertragstheorie" (vgl. Erman (Hense), Bem. 2 zu § 784 sowie Bem. 3 vor § 793 BGB[4]).

141 Mugdan II 96.

erwirbt, ist nicht selbstverständlich, und Heck[142] hat die Vorschrift des § 305 BGB geradezu einen „Anachronismus" genannt. Man kann darüber streiten, ob § 305 BGB ein Anachronismus ist. Die Bestimmung bringt jedenfalls mit einer nicht zu übertreffenden Klarheit zum Ausdruck, daß es bei der Entstehung von Schuldverhältnissen vorbehaltlich anderweitiger gesetzlicher Regelung auf den Willen der daran beteiligten Personen ankommen soll. Was für den Empfänger gilt, das gilt *für den Versprechenden erst recht*, und das allgemeine Schuldvertragsprinzip stellt nichts anderes dar als die folgerichtige Fortführung des bereits in § 305 BGB zum Ausdruck gebrachten Gedankens.

Der Hinweis auf Treu und Glauben, dessen sich der BGH in der soeben erwähnten Hofübergabe-Entscheidung bedient, ist schwerlich dazu angetan, „tatsächliche Vorgänge" an die Stelle von „auf die Rechtsfolgen gerichteten rechtsgeschäftlichen Erklärungen" (Z 23, 249 [261]) treten zu lassen. Es hat seinen Sinn, daß die Gesetzesverfasser den tatsächlichen Vorgang des Abschlusses eines Vertrages (II 1) anders als andere tatsächliche Vorgänge werten. Dies gilt namentlich im Hinblick auf den Gesellschaftsvertrag.

Die Erfüllung der Verpflichtung mehrerer Personen, „die Erreichung eines gemeinsamen Zweckes in der durch den Vertrag bestimmten Weise zu fördern" (§ 705 BGB), setzt wie kaum ein anderes Verhalten den guten Willen des Verpflichteten voraus. Diesen Willen zu verlangen, ohne daß er von den Beteiligten durch Abschluß eines Vertrages erklärt worden ist, geht nicht an. Auch der Gedanke des „Bestandsschutzes", auf den man in diesem Zusammenhang immer wieder verweist, ist eine Abweichung vom Schuldvertragsprinzip nicht zu rechtfertigen imstande.

Was die rechtliche Beurteilung der Beziehungen der Mitglieder einer fehlerhaften Gesellschaft untereinander betrifft, so pflegt von „Bestandsschutz"[143] freilich auf eine wenig differenzierte Weise die Rede zu sein. Manchmal scheint es, als werde unter „Bestandsschutz" eine weniger komplizierte als die sich nach den allgemeinen (namentlich bereicherungsrechtlichen) Vorschriften ergebende Art der Abwicklung der Gesellschaft verstanden[144]. In anderen Zusammenhängen scheint mit „Bestandsschutz" das Vertrauen der Gesellschafter in den rechtswirksamen Bestand der Gesellschaft, nämlich in das Bestehen des gesellschaftsrechtlichen Rechtsverhältnisses, gemeint zu

142 Anm. 109, S. 122.

143 Vgl. etwa Robert Fischer, Anm. 17, Bem. 68.

144 In diesem Sinn ist Hueck (Anm. 19, S. 80) die den gesamten Gesellschaftsbetrieb „tragende Grundlage" unversehrt zu lassen bemüht. Auch von Soergel-Schultze-v. Lasaulx, Bem. 91 zu § 705 BGB[10] wird unter „Bestandsschutz" eine „brauchbare Auseinandersetzung unter den Gesellschaftern im Innenverhältnis" verstanden.

sein[145]. Wird in diesem Sinn von „Bestandsschutz" gesprochen, dann ist es freilich mißverständlich, dem bei der Beurteilung des Innenverhältnisses maßgebenden „Bestandsschutz" den hinsichtlich der Einordnung des Außenverhältnisses dominierenden „Vertrauensschutz" entgegenzusetzen[146].

Unter „Bestandsschutz" läßt sich schließlich die Erhaltung von infolge des Gesellschaftsbetriebs geschaffenen Werten begreifen. Namentlich dieser Gesichtspunkt wird in der Literatur, und zwar von Siebert[147], ins Treffen geführt[148]. Das realisierte Dauerschuldverhältnis erfordert laut Siebert[149] „den Bestandsschutz für die werteschaffende Arbeitsgemeinschaft der Gesellschaft". Solchen Schutz wolle namentlich die Vorschrift des § 723 BGB der Gesellschaft angedeihen lassen. Im Grundsatz beruhe „auch die Behandlung fehlerhafter Dauerrechtsverhältnisse auf dem rechtsökonomischen Gedanken, Geschaffenes und Bestehendes zu schützen". Von einem „rechtsökonomischen Prinzip" hatte in diesem Zusammenhang bereits Beitzke[150] gespro-

---

145 Der Gesichtspunkt des Schutzes des Vertrauens der Gesellschafter „in den Bestand der Gesellschaft" wird beispielsweise von Baumbach-Duden, Bem. 8 zu § 105 HGB[19] ins Treffen geführt.

146 Wenn Fischer (Anm. 143) dem Vertrauensschutz den Bestandsschutz gegenüberstellt, so fragt es sich zunächst, inwiefern ein Schutz des Bestandes der Gesellschaft etwas anderes als eine bestimmte Form des Schutzes der Gesellschafter sei. Haben wir es nun aber mit einem Schutz der die Gesellschaft doch nur im Vertrauen auf ihren rechtlichen Bestand betreibenden Gesellschafter zu tun, so fragt es sich ferner, worin denn der Unterschied zwischen Bestands- und Vertrauensschutz liege; denn jedenfalls als eine „werteschaffende" Arbeitsgemeinschaft, nämlich um der durch sie geschaffenen Werte willen, scheint Fischer die fehlerhafte Gesellschaft nicht anerkennen zu wollen.

147 Vgl. Anm. 62, insbes. S. 53. Siebert führt a.a.O., S. 49, Fn. 159, zwar aus, er lege neuerdings „den entscheidenden Wert auf die *personenrechtliche Zusammenarbeit*"; gleichwohl wird durchweg, und zwar z.T. an hervorgehobener Stelle (S. 53), Bestandsschutz für die Gesellschaft als „werteschaffende Arbeitsgemeinschaft" in Anspruch genommen. Lediglich der von Siebert in früheren Schriften (vgl. BGB-System und völkerische Ordnung, Deutsche Rechtswisssenschaft, 1936, S. 228 ff., 237 ff.; Anm. 5; NJW 1953, 806) hervorgehobene Gesichtspunkt der „rechtlichen Einheit des von den Beteiligten in gemeinsamer Arbeit geschaffenen Unternehmens, das den Organismus Gesellschaft schafft", tritt in Sieberts neuerer Arbeit zurück.

148 Auch der BGH (Z 8, 157 [167]) hat in einer Entscheidung aus dem Jahr 1952 gemeint, es dürfe „die Rechtsordnung im allgemeinen einfach nicht an der Tatsache vorbeigehen", daß die Gesellschafter u.a. *„durch eigene Arbeit für gemeinsame Rechnung Werte geschaffen und erworben haben* und damit gemeinsame Leistungen vollbracht haben, die auch für das Verhältnis zwischen den Gesellschaftern nicht von Rechts wegen als nicht existent betrachtet werden können" [Hervorhebung v. Verf.]

149 Anm. 62, S. 53.

150 Nichtigkeit, Auflösung und Umgestaltung von Dauerrechtsverhältnissen, 1948, S. 16.

chen, doch weniger im Sinne des Schutzes geschaffener Werte als vielmehr im Hinblick darauf, daß es gelte, „Abgewickeltes möglichst bestehen zu lassen“. Was den Schutz des Geschaffenen im Sinne der Erhaltung einer wertvollen Schöpfung betrifft, so geht Siebert über Beitzke hinaus; wie sich Sieberts „rechtsökonomischer Gedanke“ insoweit aus § 723 BGB herauslesen lasse, ist freilich nicht erfindlich.

Eine außerordentliche Kündigung der Gesellschaft ist nach § 723 I 1 BGB statthaft nur aus einem „wichtigen Grund“. Als Beispiele für einen „wichtigen Grund“ werden die nachträgliche Unmöglichkeit der Erfüllung sowie die vorsätzliche oder *grob* fahrlässige Verletzung einer jeweils *wesentlichen* Pflicht genannt. Würde ungeachtet der Vorschrift des § 723 I 2 BGB bereits aufgrund der allgemeinen Bestimmungen über schuldrechtliche Verträge ein Recht zum Rücktritt gewährt, so wäre die in § 723 I 1 BGB vorgenommene Verschärfung der Voraussetzungen der ohnehin „nur“ ex nunc wirkenden Auflösung der Gesellschaft ohne Sinn, und die genannten Bestimmungen werden durch die Vorschrift des § 723 I 1 BGB in der Tat spezialisiert. Das ist erklärbar. Insbesondere die schuldrechtlichen Bestimmungen betreffs des Rücktritts vom Vertrag infolge Störung „der“ Gegenleistung (§§ 325 ff. BGB) sind an synallagmatischen Verträgen vom Typus des Kaufvertrages orientiert[151]. Der den Verkäufer treffenden Pflicht zur Verschaffung der Ware oder des Rechts steht eine und nur eine entsprechende Verpflichtung des Käufers, nämlich die zur Zahlung des Kaufpreises, gegenüber. Es leuchtet ein, daß die Verletzung einer *dieser* Pflichten im Hinblick auf jeweils das gesamte Schuldverhältnis typischerweise schwerer wiegt als die schuldlose oder auch schuldhafte Verletzung nur einer von sehr viel mehr Pflichten. Auch wenn die Gesellschaft aus lediglich zwei Personen besteht, so pflegt gleichwohl bereits in diesem Fall jeweils eine Mehrheit von dem einen Gesellschafter mit einer Mehrheit von dem anderen Gesellschafter obliegenden Leistungen zu korrespondieren. Setzt sich die Gesellschaft aus mehr als zwei Personen zusammen, so sinkt das Gewicht jeder einzelnen Verpflichtung und damit zugleich die Schwere ihrer Verletzung im Verhältnis zu dem Schuldverhältnis im Ganzen noch weiter herab (vgl. bereits III 4). Ob es den Gesellschaftern demgegenüber gelungen ist, bis zum Eintritt des wichtigen Grundes „Werte zu schaffen“, oder ob es ihnen voraussichtlich gelingen würde, in der auf den Eintritt des wichtigen Grundes folgenden Zeit „werteschaffend“ zusammenzuwirken, ist im Hinblick auf das Recht zur außerordentlichen Kündigung ohne Belang. Das Gesetz stellt auf die Produzierung von Werten nicht ab, und es behandelt weder die Gesellschaft noch das durch die §§ 611 ff. BGB geregelte Dienstverhältnis als Personengemeinschaften, welche es angesichts der durch sie erfahrungsgemäß oder doch erwartungsgemäß produzierten

---

151 Insoweit richtig Esser, Anm. 23, S. 270 oben.

Werte aufrecht zu erhalten gälte. Was sodann den Wert des „Werkes" anbetrifft, dessen Herstellung die §§ 631 ff. BGB normieren, so wäre ein über die Beteiligten hinausgreifender Schutz des Geschaffenen als solchem erst recht zu erwarten. Tatsächlich braucht der das Kündigungsrecht des Bestellers nach § 649 BGB[152] rechtfertigende Grund nicht einmal auf eine die allgemeinen Vorschriften verschärfende Weise „wichtig" zu sein.

Der Gedanke der Erhaltung von „Werten", insbesondere von wirtschaftlichen Einheiten, bei deren Zerlegung die Summe des Wertes der einzelnen Bestandteile oder auch der auf sie verwendeten Tätigkeiten den Wert des Ganzen nicht erreichen würde, ist dem geltenden Recht natürlich nicht fremd. Es ist insofern namentlich die Vorschrift des § 950 BGB zu erwähnen, die zwar wohl nicht nur[153], doch sicher *auch*[154] die Entstehung sowie – in Verbindung mit § 951 I 2 BGB – die Erhaltung wirtschaftlicher „Einheiten" in dem genannten Sinn dieses Ausdrucks zu fördern bezweckt. Gerade der die Vorschrift des § 950 BGB tragende Gedanke ist indessen einer analogen Anwendung auf die internen Beziehungen der an einer fehlerhaften Gesellschaft beteiligten Personen nicht fähig. Es geht bei der Verarbeitung im Grunde nur, wie Flume[155] richtig sagt, um die Zuordnung des durch die Verarbeitung entstandenen Erfolges an eine Person. Indem es sich nun aber um die Zuordnung eines tatsächlichen Erfolges handelt, *der bereits entstanden ist*, kommt es auf einen irgendwie rechtsgeschäftlichen Willen dahin, diesen Erfolg erst erzielen zu wollen, nicht an. Die Verarbeitung wird denn auch mit Recht als Realakt gewertet, und zwar als Realakt ohne finalen Bezug auf den jeweils rechtlich relevanten Erfolg[156]. Was demgegenüber die Begründung des gesellschaftsrechtlichen Rechtsverhältnisses betrifft, so haben wir es nicht etwa nur, ja nicht einmal hauptsächlich, mit der Zuordnung tatsächlich eingetretener Erfolge zu tun. Worauf es ankommt, ist vielmehr, die Gesellschafter hinsichtlich der von ihnen vorgesehenen Zusammenarbeit gegenseitig zu binden. Eine solche Zusammenarbeit pflegt sich im vorhinein weder durch fest umrissene Handlungsweisen noch gar vermittels einzelner

152 Was die Vorschrift des § 649 BGB betrifft, so handelt es sich weniger um die Gewährung des Rechts zur Kündigung wegen Unzumutbarkeit der Fortsetzung eines Dauerschuldverhältnisses als vielmehr um einen gesetzlich geregelten Fall einseitiger Vertragsaufsage, welchen man im übrigen insoweit, als die Vertragsaufsage in einer „beharrlichen Leistungsverweigerung" besteht, nach Verzugsrecht (vgl. insbes. § 326 II BGB) zu behandeln pflegt; vgl. hierzu Fikentscher, Schuldrecht, 3. Aufl., 1971, S. 121, 485.

153 Hinsichtlich der bei einer wirtschafts- oder gar sozialpolitischen Interpretation des § 950 BGB gebotenen Zurückhaltung vgl. etwa Baur, Lehrbuch des Sachenrechts, 6. Aufl., 1970, § 53 b I.

154 Siehe hierzu etwa Heck, Grundriß des Sachenrechts, 1930, S. 261 f.

155 Anm. 65, S. 108 f.

156 Betreffs der Einteilung der Realakte vgl. Anm. 65, S. 108 ff.

bestimmter Erfolge beschreiben zu lassen. Das Gelingen des Gesellschaftsbetriebs setzt vielmehr die ständige Bereitschaft jedes der Beteiligten voraus. Das Gelingen des Gesellschaftsbetriebes hängt mehr als der Erfolg jedes anderen schuldrechtlichen Rechtsgeschäfts, wie bereits ausgeführt, vom *guten Willen der daran beteiligten Personen* ab, und die Bindung eines solchen Willens ist anders als aufgrund Vertrages, also anders als aufgrund übereinstimmender *Erklärung des Willens* zur Zusammenarbeit, nicht zustande zu bringen[157].

3. Fortbildung vertragsrechtlicher Normen

Sofern man unter „Bestandsschutz" den Schutz des Bestehens bereits geschaffener oder erst noch zu schaffender Werte versteht, ist der Bestandsschutz schwerlich eine Abweichung vom Schuldvertragsprinzip zu rechtfertigen geeignet (IV 2). Was ferner die Interpretation von „Bestandsschutz" im Sinne von Vertrauensschutz, und zwar im Sinne des Schutzes des Vertrauens der Gesellschafter in das Bestehen des gesellschaftsrechtlichen Rechtsverhältnisses, betrifft, so ist auch dieser Gesichtspunkt hinsichtlich des *bereits das Entstehen von Schuldverhältnissen* regelnden Schuldvertragsprinzips ohne Belang. Der Schutz des Vertrauens der Gesellschafter in das Bestehen des gesellschaftsrechtlichen Rechtsverhältnisses scheint nun aber zugleich der bei der heute wohl herrschenden Lehre von der „Beschränkung der Nichtigkeitsfolgen" dominierende Gesichtspunkt zu sein, und wir haben es insoweit mit einem Versuch der Modifizierung *vertragsrechtlicher Normen* zu tun.

Die Vertreter dieser Lehre[158] pflegen zu betonen, sie wollten es durchaus – und zwar im Gegensatz zu Haupt[159] und Siebert[160,161] – beim Schuldvertragsprinzip belassen[162]. Beabsichtigt sei lediglich eine im Hinblick auf die Tatsache des Vollzugs der Gesellschaft „sachgerechte" Einschränkung der sich aufgrund der Vorschriften über ursprüngliche oder nachträgliche Nichtigkeit ergebenden Folgen. Mit jeder Änderung der in diesen Normen enthaltenen

157 Vgl. insoweit auch Erman, Anm. 11, S. 49 ff. (betr. analoge Anwendung der Vorschriften über Geschäftsführung ohne Auftrag).

158 Vgl. Anm. 116

159 Vgl. Anm. 1

160 Vgl. Anm. 5

161 Vgl. Anm. 147

162 Vgl. die insoweit prägnanteste Darstellung bei Erman (Anm. 11), S. 46 ff.

Rechtsfolgen ist indessen eine Änderung der Normen selbst verbunden[163], und was eine solche Änderung betrifft, so ist wie folgt zu unterscheiden.

Modifiziert man vertragsrechtliche Normen in dem Sinn, daß sich ein das zukünftige Verhalten der Beteiligten regelndes Schuldverhältnis auch aufgrund fehlerhaften Vertrages ergibt, so hat die Änderung des Vertragsrechts notwendig eine Abweichung vom Schuldvertragsprinzip zur Folge; wird das Entstehen eines Schuldverhältnisses vom Abschluß eines Vertrages abhängig gemacht, so ist naheliegenderweise ein gültiger Vertrag gemeint. Die Vertreter der Lehre von den Nichtigkeitsbeschränkungen scheinen das Vertragsrecht nun aber in einem ganz anderen Sinn modifizieren zu wollen[164]. Mit der Einschränkung der Nichtigkeitsfolgen ist weniger die Statuierung künftiger vertraglicher Pflichten als vielmehr die Regelung eines jeweils *vergangenen* Zustands gemeint, der aufgrund der gesetzlichen Bestimmungen so anzusehen ist, als wären solche Pflichten in der Vergangenheit nicht vorhanden gewesen; nur hinsichtlich des *vergangenen* Geschehens soll nach der genannten Lehre davon ausgegangen werden, es hätten derartige Pflichten bestanden. Diese Konstruktion ist auf den ersten Blick bestechend. Erst auf den zweiten Blick läßt sie erkennen, worum es, zwar unausgesprochenerweise, jedoch in Wirklichkeit, geht: Es handelt sich um nichts anderes als um eine *weder durch Auslegung noch durch analoge Anwendung der gesetzlichen Vorschriften abgesicherte, an diesen Vorschriften vielmehr schlechterdings vorbeigehende Handhabung von Bereicherungsrecht.*

Was die gesetzlichen Bestimmungen über das Zustandekommen von Verträgen, namentlich von Schuldverträgen, anbelangt, so kommt es auf die Formulierung der Bedingungen an, unter denen jeweils wenigstens einige der Beteiligten in Zukunft an ihre im Rahmen des Abschlusses eines Vertrages abgegebene Willenserklärung gebunden sein sollen. An die Erfüllung bzw. an die Nichterfüllung gewisser Tatbestände wird der Eintritt bzw. der – ggf. durch Erklärung der Anfechtung seitens des Anfechtungsberechtigten aufschiebend bedingte – Nichteintritt dieser Bindung geknüpft. Eintritt oder Nichteintritt der Bindung sind die durch das Vertragsrecht statuierten

163 Esser bemerkt insoweit richtig: „In der Tat läßt sich auch im nichtigen Arbeits-, Gesellschafts- und Mietvertrag das Willenselement als Ausdruck der Privatautonomie aufzeigen – nur eben als juristisch fehlerhafter" (Gedanken zur Dogmatik der „faktischen" Schuldverhältnisse, AcP 157 (1958 f.), S. 86 ff. (93) 7. Fraglich ist indessen gerade, wieweit der Fehler des Vertrages reichen dürfe, um den Vertrag noch als Form privatautonomer Gestaltung erscheinen zu lassen. – Mißverständlich ist insoweit auch die Gegenüberstellung der von Erman (Anm. 11) auf S. 46 ff. einerseits sowie S. 53 ff. andererseits diskutierten Lösungswege.

164 Auch nach Ansicht Ermans (Anm. 11), S. 56, müssen die Nichtigkeitsvorschriften *„für die Zukunft* ... aber grundsätzlich ihre volle Auswirkung behalten" [Hervorhebung v. Verf.].

rechtlichen Folgen. Der Leistungsvollzug trotz fehlender Bindung ist demgegenüber typischer Gegenstand des Bereicherungsrechts, und gerade im Hinblick auf den bereicherungsrechtlichen Ausgleich ist es von Bedeutung, ob der durch eine Leistung Begünstigte auf das Bestehen der Verpflichtung des Leistenden vertraut (vgl. § 818 III BGB) oder nicht (vgl. §§ 819 f. BGB).

Das allgemeine Vertragsrecht ist für die Gewährung von „Bestandsschutz" im Sinne des Schutzes des Vertrauens in das Bestehen gesellschaftsrechtlicher Rechte und Pflichten nicht der richtige Ort[165]. Soweit es weniger um eine stillschweigende Abweichung vom Bereicherungsrecht als vielmehr um vertragsrechtliche Fragen geht, so könnte sich eine Fortbildung der einschlägigen Normen u.a. in folgender Hinsicht als vertretbar erweisen.

Es handelt sich zunächst um die Beurteilung von Mängeln einzelner

---

165 Charakteristisch ist insoweit beispielsweise der durch BGHZ 26, 330 (335 f.) geführte und auf die „für die faktische Gesellschaft geltenden Rechtsgrundsätze" (S. 335) vertrauende Beweis des Bestehens einer Einlagepflicht. Die betreffende Kommanditgesellschaft war mit Hilfe des betrügerischen Verhaltens eines Komplementärs zustande gekommen. Dessen Mitteilung, der erste künstliche Diamant sei zustande gekommen, hatte insbesondere die Beklagte zum Beitritt als Kommanditistin bewogen. Betrachtet man die von der Beklagten eingegangene Einlagepflicht unter dem Gesichtspunkt der Erfüllung eines Gesellschaftsvertrages, nämlich der Förderung des mit den Worten „Herstellung und Vertrieb von Hartmaterial" firmierenden Gesellschaftszweck (§§ 161 Abs. 2, 105 Abs. 2 HGB, 705 BGB), so liegt es auf der Hand, der Beklagten ein Leistungsverweigerungsrecht zuzugestehen (treffend insoweit Robert Fischer, Die faktische Gesellschaft, NJW 1955, 849 ff. [851]). Wenn der BGH gleichwohl auf eine Verpflichtung der Beklagten erkennt, so beruht das auf einer vollkommen neuen Sicht der Funktion der Einlagepflicht. Die Einlagepflicht wird gerade *nicht* unter dem Aspekt zukünftiger Förderung des Gesellschaftszwecks (ausdrücklich S. 336), vielmehr unter dem – zutreffenden – Gesichtspunkt einer *„einheitlichen Verteilung" des durch den Betrug entstandenen Vermögensverlustes auf die Opfer des Betrügers begründet* (a.a.O.). Keine andere Absicht als die Absicht einer ebenso gerechten (vgl. §§ 812 Abs. 1 S. 1, 818 Abs. 2 BGB) wie billigen (vgl. etwa § 818 Abs. 3 BGB) Korrektur vergangener ungerechtfertigter Vermögensverschiebungen verfolgen die Verfasser des Gesetzes mit den Vorschriften des Bereicherungsrechts. Die Argumentation des BGH hängt mit den „für die faktische Gesellschaft geltenden Rechtsgrundsätzen", auf die sich der BGH beruft, innerlich gar nicht zusammen. Die Verpflichtung zur Leistung der Einlagepflicht stellt so, wie der BGH sie der Sache nach begründet, nichts anderes als einen unselbständigen Bestandteil des auf eine mehr als zweiköpfige Personengemeinschaft zugerichteten bereicherungsrechtlichen Ausgleichs dar. Es handelt sich sozusagen um das Füllen der im Sinne von § 818 Abs. 2 und Abs. 3 aufzuteilenden gemeinsamen Kasse. So gesehen, kann eine Verpflichtung zur Einlage trotz Fehlerhaftigkeit des Gesellschaftsvertrags, namentlich trotz Unerreichbarkeit des Gesellschaftszweckes, durchaus anzuerkennen sein. Sedes materiae der Verpflichtung sind, wie gesagt, die Normen des – gegebenenfalls als mehrstufiges Rechtsinstitut zu konzipierenden – Bereicherungsausgleichs (vgl. des Näheren nachfolgend V 2).

Willenserklärungen im Zusammenhang mit mehr als zweiseitigen[166] Verträgen[167]. Nehmen wir an, A, B und C wollen einen soeben aus Griechenland nach Italien geflohenen und ihnen nur mit seinem Namen und durch seine Werke bekannten Künstler K fördern. A, B und C geben pro Monat jeweils 500 DM in die gemeinsame Kasse. Bei den von A, B und C getroffenen Vorbereitungen zu einer Ausstellung von Gemälden des K stellt sich heraus, daß C den K mit einem weiteren aus Griecheland geflohenen Künster K* verwechselt hat. C schätzt K* vor allem deshalb, weil K* die Dinge in seinen Gemälden möglichst realistisch wiederzugeben versucht. Demgegenüber hält C die von K geschaffene gegenstandslose Kunst der Förderung nicht für würdig. C erfährt aber auch, daß K* in Frankreich ein großes Vermögen besitzt. Man wird es C nicht verwehren dürfen, seinen Beitritt wegen eines Irrtums über „solche Eigenschaften der Person" anzufechten, „die im Verkehr als wesentlich angesehen werden" (§§ 119 II, 119 I, 142 I, 705 BGB). C kann die von ihm entrichteten Beiträge von A und B zurückerstattet verlangen (§ 812 I 1 BGB). Gesetzt jedoch, es fordere auch B seine Beiträge zurück. Man wird dem B entgegenhalten, es sei jedenfalls zwischen ihm und A ein gesellschaftsrechtliches Rechtsverhältnis wirksam und unanfechtbar zustandegekommen. Es wäre zwar verkehrt, die Beitrittserklärung des C als „Teil" des Gesellschaftsvertrages zwischen A, B und C im Sinne des § 139 BGB werten zu wollen (vgl. hierzu bereits III 4). Zu fragen ist vielmehr, ob A und B in Kenntnis des Umstandes, es sei C den K nicht zu fördern bereit, den K allein zu unterstützen sich entschlossen hätten (vgl. § 140 BGB). Die Frage dürfte

---

166 Mit der Anzahl der Seiten eines Vertrages ist nicht etwa die Anzahl der Seiten des durch Vertrag zu begründenden Schuldverhältnisses gemeint. Beide Arten von Seitigkeit sind, wie wir gesehen haben (vgl. III 4), voneinander scharf zu unterscheiden; man vergleiche insoweit namentlich den Gesellschaftsvertrag mit einem zwischen mehreren Käufern – etwa Gesellschaftern – sowie einem Dritten abgeschlossenen Kaufvertrag.

167 Wären der Allgemeine Teil des BGB sowie dessen allgemeines Schuldrecht (§§ 241 bis 432 BGB) tatsächlich so allgemein, wie sich dies aufgrund der systematischen Stellung der einschlägigen Normen zu ergeben scheint, so hätte der n-seitige Vertrag ($2 \leqslant n$) Vertrag der Regelung bedurft. Statt dessen werden nahezu durchweg nur zweiseitige Verträge behandelt, und es ist insoweit ein Bedürfnis nach einer Fortbildung des Systems des Bürgerlichen Rechts vorhanden. Man wird den Verfassern des BGB einen zu niederen Stand der Abstraktion indessen um so weniger verdenken dürfen, als man die erforderliche Allgemeinheit selbst bei Kant vermißt: „Der Akt der vereinigten Willkür zweier Personen, wodurch überhaupt das Sein des einen auf den anderen übergeht, ist der *Vertrag*" (Metaphysik der Sitten, 1797, S. 271 a.E. (= Meiners phil. Bibl., S. 84). Demgegenüber lehrt bereits v. Savigny betreffs des „Kaufcontractes": „In diesem besonderen Fall, sowie in den meisten, sind es gerade zwei Personen", und v. Savigny fährt fort: „in manchen Fällen aber, wie bei der Societät, ist die Anzahl ganz zufällig, und so müssen wir bei dem allgemeinen, unbestimmten Merkmal der Mehrheit stehen bleiben" (Anm. 71, S. 308).

zu bejahen sein. Was den „an sich" erforderlichen Vertragsschluß zwischen A und B betrifft, so kann man die tatsächlich zwischen A, B und C getroffene Vereinbarung als „Ersatzgeschäft" ansehen, nämlich als ein Rechtsgeschäft, welches den Tatbestand eines anderen Rechtsgeschäfts in rechtlicher Hinsicht ähnlich wie beispielsweise die Erfüllung eines formbedürftigen Versprechens den formgerechten Vertrag zu ersetzen vermag (vgl. etwa §§ 313 S. 2, 518 II sowie 140 BGB).

Das Ersatzgeschäft braucht mit dem zu ersetzenden Geschäft nicht wie in dem soeben behandelten Beispiel zeitlich zusammenzufallen. In dem durch BGHZ 11, 190 ff. entschiedenen Fall war es nicht zu der von den Beteiligten vorgesehenen schriftlichen Fixierung des Gesellschaftsvertrages gekommen. Die Parteien hatten ihre Tätigkeit, ein Baugewerbe, aufgenommen, insbesondere einen Auftrag übernommen und mit den Bauarbeiten begonnen. Der Kläger klagte auf Auseinandersetzung nach Gesellschaftsrecht. Das Berufungsgericht erkannte auf das Bestehen einer „faktischen Gesellschaft". Es hätte näher gelegen, jedenfalls den Vollzug der Gesellschaft als konkludenten Abschluß oder doch als Ersatz für den Abschluß eines der Art des Vollzugs entsprechenden Vertrages (vgl. erneut §§ 313 S. 2, 518 II BGB) zu betrachten. Der BGH sieht schon die ursprünglich getroffene Vereinbarung als „stillschweigenden Abschluß" eines wenn auch lediglich „vorläufigen" Gesellschaftsvertrages an (BGHZ 11, 190 [192]). Hätten die Parteien in der Sache Einigkeit erzielt gehabt und hätte es, was aus der in der amtlichen Sammlung abgedruckten Entscheidung des BGH nicht klar hervorgeht, auch *nur* an der schriftlichen Niederlegung des Vereinbarten gefehlt, so hätte das Gericht bereits auf die Vorschrift des § 154 II BGB zurückgreifen können. Die Einhaltung der von den Vertragspartnern vorgesehenen rechtsgeschäftlichen Form wirkt lediglich *im Zweifel* „konstitutiv" mit der Folge des § 125 S. 2 BGB[168], und schon Regelsberger[169] lehrt, es komme ein Vertrag, der noch nicht entsprechend der Verabredung beurkundet ist, aber von den Beteiligten in deren Einvernehmen ausgeführt wird, auf diese Weise wirksam zustande[170].

168 Die Vorschrift des § 154 II BGB stellt nach h.L. (vgl. etwa Soergel-Heinrich Lange, Bem. 10 zu § 154 BGB[10]) lediglich eine Auslegungsregel dar.

169 Civilrechtliche Erörterungen, 1868, S. 161.

170 Laut BGHZ 49, 364 (367) soll § 125 S. 2 BGB grundsätzlich unanwendbar sein auf die häufig in Gesellschaftsverträgen vorkommende Klausel, Änderungen bedürften der Schriftform; die rechtliche Funktion der Formabrede sei insoweit nur die der Klarstellung. Die Auffassung des BGH ist angreifbar (treffend Reinicke, Rechtsfolgen formwidrig abgeschlossener Verträge [1969], S. 159 ff.). Allzu bedeutsam ist sie freilich nicht: Auch der die konstitutive Wirkunge der Form ausdrücklich anordnende Gesellschaftsvertrag (siehe insoweit den Vorschlag Tiefenbachers in BB 1968, 608) ist jederzeit mündlich abänderbar. Allenfalls im Hinblick auf den Beweis der Ernsthaftigkeit der mündlich getroffenen Änderungsvereinbarung können strengere Anforderungen angebracht sein.

Eine Weiterbildung vertragsrechtlicher, aber auch allgemeiner schuldrechtlicher Normen ist namentlich im Hinblick auf die Begründung von Treupflichten zu erwägen. Es handelt sich darum, ob nicht gegebenenfalls trotz Unwirksamkeit des Gesellschaftsvertrages gewisse Pflichten zu gegenseitiger Rücksichtnahme bestehen, insbesondere Pflichten dahingehend, den Gesellschaftszweck wenn schon nicht zu fördern, so doch zumindest nicht zu gefährden. Nehmen wir an, es hätten sich die beiden Orgelbauer A und B sowie der reiche Musikfreund C zu einer auf den Handel mit elektronischen Orgeln gerichteten Gesellschaft zusammengetan. Nach Beginn der Geschäfte stellt sich heraus, daß C unter einer „elektronischen" Orgel eine - im Gegensatz zur mechanischen oder pneumatischen Orgel – elektrische Orgel versteht. C hat den Ausdruck auf eine vom „objektiven Wert" der Erklärung abweichende Weise gebraucht, und es liegt nahe, ihm ein Recht zur Anfechtung nach § 118 II BGB zu gewähren. Gleichwohl ist es dem C verwehrt, nunmehr einen sich bei A, B und C für eine wirklich „elektronische" Orgel interessierenden Pfarrer mit Nachdruck auf die nach Ansicht des C hinsichtlich dieser Art von Musikinstrumenten bestehenden künstlerischen Bedenken aufmerksam zu machen. Trotz wirksamer Anfechtung des Beitritts, also trotz der Tatsache, als wäre das den C bindende gesellschaftsrechtliche Rechtsverhältnis „als von Anfang an nichtig anzusehen" (§ 142 I BGB), ist C in jedenfalls gewissem Umfang zur Treue verpflichtet, und es liegt nahe, sich zwecks Begründung dieser Verpflichtung der unter dem Stichwort „Culpa in contrahendo" ausgebildeten Rechtsgrundsätze zu bedienen.

Unrichtig ist freilich der bereits im Namen dieses Rechtsinstituts zum Ausdruck kommende sowie von v. Ihering[171] denn auch geäußerte Gedanke, es finde die Culpa in contrahendo ihren systematisch „rechten Platz bei der Lehre von der *culpa* in Contractsverhältnissen". Das Institut der Culpa in contrahendo betrifft zwar *auch* die Frage des Verschuldens, doch der Entscheidung dieser Frage geht, wie vor allem Erman[172] treffend auseinandersetzt, die Diskussion der Frage nach der Entstehung der – mit oder ohne Verschulden verletzten – *Pflichten* voraus. Nun leuchtet es ein, daß das Institut der Culpa in contrahendo nicht etwa im Sinne der Begründung von Erfüllungspflichten figurieren dürfe, deren Eintritt das Gesetz, und zwar beispielsweise infolge Fehlens der vorgeschriebenen Form, gerade ausschließen will[173]. Es handelt sich in Wirklichkeit nur darum, daß sich der einzelne

171 Culpa in contrahendo oder Schadensersatz bei nichtigen und nicht zur Perfection gelangten Verträgen, Iherings Jb. 4 (1861), S. 1 ff. (52).

172 Haftung für das Verhalten bei Vertragsverhandlungen, 1934, S. 273 f.

173 Treffend Esser (Anm. 126), S. 378. – Hinsichtlich des inneren Zusammenhanges zwischen einerseits der in Vollzug gesetzten fehlerhaften Gesellschaft sowie andererseits der Culpa in contrahendo aufschlußreich Lehmann-Hübner, Allgemeiner Teil des Bürgerlichen Gesetzbuchs, 16. Aufl. 1966, § 25 I 2 e.

Vertragspartner anläßlich des Abschlusses des Vertrages oder auch im Vertrauen auf dessen Wirksamkeit jeweils dergestalt in die Einflußsphäre der weiteren Beteiligten ergibt, daß er mit einer gewissen Sorgfalt seiner Partner ihm gegenüber muß rechnen dürfen. Aus der Aufnahme von rechtsgeschäftlichem Kontakt ist auf die gegenseitige Bereitschaft zur Aufbringung jedenfalls *eines solchen Maßes an Sorgfalt* typischerweise zu schließen[174].

Was nun aber für den rechtsgeschäftlichen Kontakt in Gestalt des Vertragsschlusses oder bloßer Vertragsverhandlungen gilt, das bewährt sich für den bei weitem intensiveren Kontakt des Beginns der Durchführung eines vermeintlich gültigen Dauerschuldverhältnisses erst recht. Läßt man die „Treupflichten" der Gesellschafter auf die soeben skizzierte Weise durch schlüssiges Einverständnis zu gegenseitiger Sorgfalt hinsichtlich der dem Eingriff jedes der Beteiligten gleichsam „ausgelieferten" Güter – hier: der Chance auf Gewinnung eines Kunden – der jeweils übrigen Beteiligten entstehen, so ist insofern die Wirksamkeit des Gesellschaftsvertrages ohne Belang. Bleibt ein gesellschaftsrechtliches Rechtsverhältnis zumindest zwischen A und B bestehen, so ist C trotz Anfechtung der eigenen Beteiligung zur Vermeidung der Gefährdung des von A und B nach wie vor verfolgten Zweckes verpflichtet, und es wäre mit Kanonen auf Spatzen geschossen, wollte man um der Begründung dieser Treupflicht willen eine „faktische" oder eine sonstwie trotz Fehlerhaftigkeit wirksame Gesellschaft zwischen A, B *und* C konstruieren.

---

174 Die Ausführungen Flumes (Anm. 65, S. 129) sind insoweit mißverständlich. Die Haftung wegen Culpa in contrahendo tritt laut Flume „nicht kraft privatautonomer Gestaltung ein"; sie sei vielmehr „eine Rechtsfolge kraft rechtlicher Wertung". Diese Alternative ist unrichtig gestellt. Gerade an „privatautonomer Gestaltung", beispielsweise an den Abschluß von Verträgen, werden „Rechtsfolgen kraft rechtlicher Wertung" eines Verhaltens geknüpft. Die Frage lautet tatsächlich, ob man aus dem Verhalten der sich normalerweise durchaus „autonom" in gegenseitige Abhängigkeit begebenden Beteiligten auch auf ihren Willen schließen darf, aufeinander zu achten. Der Schluß ist natürlich nicht zwingend. Doch zwingend ist der Schluß von der Erklärung auf den Willen nie. Worauf es ankommt, das ist die aufgrund der Begleitumstände sowie der in dem entsprechenden Personenkreis zu ermittelnde Bedeutung des Verhaltens gegenüber weiteren Personen. Hat das Verhalten die Bedeutung, daß der Handelnde Rücksicht auf die Güter Dritter nehmen will, so ist der in concreto entgegenstehende „wirkliche Wille" nicht etwa als Irrtum oder sonstwie zu beachten, sondern als insgeheimer Vorbehalt nach § 116 BGB *nicht* zu beachten.

V. Insbesondere Ausgleich nach Bereicherungsrecht

Man ist sich darin einig, es stelle die Behandlung der fehlerhaften Gesellschaft nach den allgemeinen Vorschriften eine „sachgerechte“ Lösung nicht dar. Einigkeit besteht auch im Hinblick auf die Notwendigkeit einer Abweichung von den gesetzlichen Vorschriften. Das nach der zeitgenössischen Rechtsanschauung „sachgerechte“ Ergebnis läßt sich nun aber vermittels mehrerer gegenseitig austauschbarer Konstruktionen erzielen (IV 1), und es ist eigenartig, daß man insoweit lediglich das Schuldvertragsprinzip (IV 2) oder auch vertragsrechtliche Normen (IV 3), nicht dagegen das Bereicherungsrecht selbst geglaubt hat, „sachgerecht“ modifizieren zu können.

1. Sachenrechtliche Voraussetzungen

Das einer bereicherungsrechtlichen Lösung seit jeher entgegengebrachte Unbehagen[175] hat vor allem Ruland[176] rechtsdogmatisch zu untermauern versucht. Auf das von Ruland[177] so abschreckend dargebotene Bild der sich aufgrund der allgemeinen Grundsätze angeblich ergebenden Rechtslage pflegt immer wieder Bezug genommen zu werden[178]. Die allgemeinen Grundsätze sind jedoch, wie schon gesagt, nicht so, wie Ruland sie interpretiert, zu verstehen. Es handelt sich vor allem um die Frage, ob trotz Fehlerhaftigkeit der in Vollzug gesetzten Gesellschaft Gesamthandsvermögen der Gesellschafter entsteht. Ruland verneint die Frage[179], und er gibt zu, daß sich im Falle ihrer Bejahung „gewiß . . . eine erhebliche Vereinfachung der Rechtslage“ ergäbe[180].

Ruland geht davon aus, es sehe das Gesetz die Entstehung von Gesamthandsvermögen nur in bestimmten Fällen vor, und zwar bei der Gesellschaft, der allgemeinen Güter- sowie der Erbengemeinschaft[181]. Das ist richtig. Unzutreffend ist indessen der von Ruland aus dieser Feststellung sogleich gezogene Schluß: „Ist – für unsern Fall – ein Gesellschaftsvertrag nicht oder nicht wirksam zustande gekommen, so konnte damit auch ein Gesamthandsverhältnis nicht begründet werden“[181]. Folgerichtig wäre diese These nur, wenn das

175 Vgl. etwa Haupt, Anm. 1.

176 Vgl. Anm. 122

177 Anm. 123

178 Vgl. etwa Erman (Anm. 11), S. 9, Fn. 5; Hueck (Anm. 19), S. 80, Fn. 23.

179 Vgl. Anm. 106, S. 4 bis 8.

180 A.a.O., S. 7.

181 A.a.O., S. 4.

Gesetz, was die Gesellschaft anbelangt, das Bestehen von Gesamthandsvermögen, insbesondere von Gesamthandseigentum, vom Bestehen eines *schuldrechtlich wirksamen* Gesellschaftsvertrages abhängig machte. Jedoch gerade eine solche Abhängigkeit ist zu bestreiten, und Ruland wird der Problematik nicht gerecht, wenn er seine Argumentation im Folgenden[182] auf die Widerlegung der Möglichkeit gewillkürter Gesamthandsverhältnisse beschränkt.

Daß es im Hinblick auf das Bestehen von gesellschaftsrechtlichem Gesamthandsvermögen nicht notwendig des gleichzeitigen Bestehens eines wirksamen Gesellschaftsvertrages bedürfe, geht zwar nicht etwa bereits aus den gesetzlichen Liquidationsbestimmungen (vgl. §§ 730 ff. BGB, 145 ff. HGB) hervor[183]. Diese Normen lassen lediglich erkennen, daß das Bestehen einer Gesamthandsgemeinschaft nicht von einer kraft Gesellschaftsvertrages *werbenden* Gesellschaft abhängig ist. Die Entstehung von Gesamthandseigentum ist indessen weder durch das Zustandekommen der Verpflichtung der Gesellschafter zu werbender Tätigkeit noch durch das Bestehen von Abwicklungspflichten bedingt. Gerade eine solche Verknüpfung der sachenrechtlichen mit der schuldrechtlichen Lage findet nach geltendem Recht nicht statt. Die Gesetzesverfasser haben sich im Gegenteil darum bemüht, *den Akt der sachenrechtlichen Zuordnung von der zur Vornahme dieses Aktes verpflichtenden schuldrechtlichen Beziehung unabhängig, ihn insbesondere gegenüber Mängeln der schuldrechtlichen Lage unempfindlich zu machen.* Inwieweit es gerade im Hinblick auf die Fehlerhaftigkeit des gesellschaftsrechtlichen Rechtsverhältnisses einer Abweichung vom Abstraktionsgrundsatz[184] bedürfe, leuchtet schwerlich ein. Es ist dies um so weniger verständlich, als man die fehlerhafte Gesellschaft im Hinblick auf die Interessen der an ihrem Vollzug beteiligten Personen als wirksame Gesellschaft und auf diese Weise eine der

---

182 A.a.O., S. 5 ff.

183 Vgl. aber F. Moos, Die Interessenkonflikte bei betrügerischem Abschluß von Gesellschaftsverträgen, Diss. Tübingen 1911, S. 26; ferner O. Wölz, Das Gesellschaftsvermögen nach Bürgerlichem Recht und bei der offenen Handelsgesellschaft, Diss. Stuttgart 1908, S. 116 ff.

184 Der Abstraktionsgrundsatz geht auf v. Savigny zurück. Bei v. Savigny, dessen Ausführungen allerdings in den Streit um die Erforderlichkeit einer iusta causa betreffs der Übereignung durch traditio einzuordnen sind, findet sich vor allem die prägnante Deutung der Abstraktion als Loslösung der „sehr verschiedenen Zwecke" vom bloßen Willen der betreffenden Verfügung (Das Obligationenrecht, 2. Bd., 1853, S. 254 ff. [256 f.]).
Zur Dogmengeschichte vgl. Felgenträger, Friedrich Carl Savigny's Einfluß auf die Übereignungslehre, Diss. Göttingen 1927. Was das geltende Recht betrifft, so kann man beispielsweise aus den §§ 873 oder 929 BGB ersehen, daß die Veränderung der dinglichen Rechtszuständigkeit lediglich von der Äußerung eines entsprechenden Willens sowie ggf. von einem diesen Willen manifestierenden Vollzugsakt, nicht dagegen von der Existenz einer entsprechenden Verpflichtung, abhängig ist. Vgl. zu alldem Lehmann-Hübner (Anm. 173), § 25 III.

unmittelbaren Anwendung des Abstraktionsgrundsatzes *gerade entsprechende* Lösung zu erzielen versucht.

Die Überführung einer Sache aus dem Alleineigentum des Veräußerers in Gesamthandseigentum ist nicht minder ein die sachenrechtliche Güterzuordnung verändernder Akt als beispielsweise die Übereignung einer beweglichen Sache seitens einer Person an eine andere nach § 929 S. 1 BGB. Durch diesen Vorgang wird das Eigentum, jedoch auch nur das Eigentum an der Sache, betroffen. Worauf es ankommt, ist, wer „mit der Sache nach Belieben verfahren und andere von jeder Einwirkung ausschließen" dürfe (§ 903 BGB). *Vor* der Veräußerung ist dies der einzelne Gesellschafter. *Nach* der Erbringung der Sacheinlage sind es die Gesellschafter in ihrer Gesamtheit. Auch auf einen solchen Wechsel in der Herrschaft über eine Sache sollten sich sowohl der Rechtsverkehr als auch die Gesellschafter verlassen dürfen. Wenn man gleichwohl angenommen hat, eine sich bereits aus dem Gesetz ergebende Lösung nur vermittels der Verletzung gesetzlicher Vorschriften gewinnen zu können, so hängt dies wohl hauptsächlich mit gewissen Vorstellungen betreffs des Erwerbes eines Rechtes „kraft Gesetzes" zusammen, und so erklärt sich denn auch, daß Ruland – wie erwähnt[185] – die Entstehung von Gesamthandseigentum durch den Beweis des Verbotes einer „gewillkürten Gesamthand" glaubt widerlegen zu können.

Die Unterscheidung zwischen einerseits dem rechtsgeschäftlichen sowie andererseits dem sich kraft Gesetzes ergebenden Erwerb von Rechten führt nahezu zwangsläufig Mißverständnisse herbei. Wird doch der Eindruck erweckt, als trete die Änderung der Rechtslage in jenem Fall aufgrund privatautonomer Gestaltung seitens der Beteiligten, in diesem dagegen aufgrund einer sozusagen durch die Gesetzesverfasser vorweggenommenen Gestaltung des betreffenden Rechtsverhältnisses, ein. Einen solchen Eindruck sollte man jedoch nicht aufkommen lassen. Auch der rechtsgeschäftliche Erwerb ist Erwerb kraft Gesetzes. Der Eintritt der durch die gesetzlichen Vorschriften vorgesehenen Rechtsfolge ist wie üblich durch die Erfüllung eines Tatbestandes, also einer bestimmten Art von Sachverhalten, bedingt, und es ist eine der Eigenschaften dieser Sachverhalte, daß sie in ein- oder mehrseitigen Rechtsgeschäften, insbesondere in Verträgen oder in Gesamtakten, bestehen. Sinnvoll unterscheiden läßt sich mithin lediglich der rechtsgeschäftliche Erwerb kraft Gesetzes vom nicht rechtsgeschäftlichen Erwerb kraft Gesetzes. Was demgegenüber die Unterscheidung zwischen rechtsgeschäftlichem Erwerb sowie vom Erwerb kraft Gesetzes betrifft, so werden verschiedene Gesichtspunkte durcheinander geworfen, und wir haben es mit einer Parallele zu Haupts Formulierung zu tun, es könnten gewisse „Vertragsverhältnisse" – es muß sich natürlich um „Rechtsverhältnisse",

185 Vgl. Anm. 182

namentlich „Schuldverhältnisse", handeln – „nicht durch Vertragsschluß, sondern durch tatsächliche Vorgänge" entstehen (hierzu II 1).

Es ist nach alledem nicht mit der Feststellung getan, das gesellschaftsrechtliche Gesamthandsvermögen komme, was die fehlerfreie Gesellschaft anbelangt, kraft Gesetzes zustande. Zu prüfen ist vielmehr, ob und ggf. inwieweit das Entstehen von Gesamthandsvermögen auf anderen als auf rechtsgeschäftlichen Vorgängen beruhe. Gesetzt den Fall, es tun sich mehrere Personen, und zwar u.a. A, zu einem Handel mit Gebrauchtwagen zusammen. Man benötigt Ausstellungsgelände, und es werde A ein an sein Hausgrundstück angrenzendes weiteres Grundstück in die Gesellschaft einzubringen verpflichtet. A kommt der Verpflichtung nach. Die Gesellschafter sind nunmehr Inhaber des Grundstücks zur gesamten Hand geworden (§§ 1 II Nr. 1, 105 I, 105 II HGB, 718 f. BGB), jedoch es fragt sich, inwiefern der Erwerb des Gesamthandeigentums aus anderen als aus rechtsgeschäftlichen Akten resultieren. Einen rechtsgeschäftlichen Akt stellt zunächst die Überführung des Alleineigentums in Gesamthandseigentum dar, und wie in anderen Fällen einer Übertragung von Eigentum, so bedarf es auch in diesem Fall der Wahrung der durch die §§ 873, 925 BGB vorgeschriebenen Form. Hinsichtlich gesellschaftsrechtlicher Rechtsvorgänge, die bei gleichbleibender Rechtsform der Gesamthand lediglich deren personellen Bestand betreffen, pflegt man von diesen Bestimmungen freilich eine Ausnahme zu machen[186]. Dies jedoch nicht etwa deshalb, weil es sich insoweit um keine rechtsgeschäftlichen Vorgänge handelte. Der Grund liegt vielmehr, wie schon Heck[187] bemerkte, „in der Notwendigkeit eines einheitlichen Schicksals für alle Vermögensbestandteile", also beispielsweise auch für bewegliche Sachen.

Nun ließe sich einwenden, es sei die Entstehung von Gesamthandseigentum in unserem Fall zwar *auch*, jedoch nicht *nur* durch den rechtsgeschäftlichen Vorgang der Übereignung des Grundstücks seitens des A an die Gesamtheit der Gesellschafter bedingt. Voraussetzung sei überdies, daß zwischen den Gesellschaftern eine rechtswirksame Gesellschaft bestehe, und an dieses zusätzliche Erfordernis sei die Entstehung von Gesamthandseigentum jedenfalls nur kraft Gesetzes geknüpft. Tatsächlich beruht aber auch das Zustandekommen des gesellschaftsrechtlichen Rechtsverhältnisses auf einem Rechtsgeschäft, nämlich auf Gesellschaftsvertrag. Daß sich nun als Folge dieser beiden Rechtsgeschäfte, nämlich einerseits des Gesellschaftsvertrages sowie andererseits der Grundstücksübereignung, gerade gesamthänderisches Eigentum ergibt, ist in der Tat durch das Gesetz so vorgeschrieben. Welche Art von Eigentum jeweils erworben werden kann, ergibt sich indessen *allemal kraft*

186 Vgl. Baur, Anm. 153, § 19 A I 2.
187 Anm. 154, § 40 Nr. 5 b.

Gesetzes[188], und betreffs der Frage, inwieweit der sachenrechtliche Erwerb sowohl von der Art des ihm zugrundeliegenden schuldrechtlichen Rechtsverhältnisses unabhängig sowie im Hinblick auf Mängel dieses Rechtsverhältnisses unempfindlich sei, führen derartige Überlegungen nicht weiter.

Das auf Gesellschaftsvertrag beruhende Bestehen des gesellschaftsrechtlichen Rechtsverhältnisses läßt es insbesondere als entbehrlich erscheinen, bezüglich der sich durch Ausscheiden eines Gesellschafters ergebenden Anwachsung (§ 738 I 1 BGB) jeweils erneut den Abschluß eines Vertrages zwischen den Beteiligten zu verlangen. Erst auf der Basis des durch Rechtsgeschäft begründeten gesellschaftsrechtlichen Rechtsverhältnisses erfolgt die Anwachsung „ipso iure". Wie bei Änderungen des personellen Bestandes der Gesellschaft trotz gleichbleibender Rechtsform im allgemeinen, brauchte insbesondere im Fall der Anwachsung nicht etwa im Hinblick auf das Fehlen eines rechtsgeschäftlichen Erwerbs von der Einhaltung der einschlägigen Formvorschriften abgesehen zu werden. Das „Sichtbarkeitsinteresse" ist auch in diesem Fall vorhanden[189]. Jedoch es tritt erneut hinter die „Notwendigkeit eines einheitlichen Schicksals für alle Vermögensbestandteile" zurück, und es liegt nahe, den Abstraktionsgrundsatz auch im Fall der Anwachsung zum Zuge kommen zu lassen.

Der Gesellschaftsvertrag pflegt überwiegend als kein schlichter Schuldvertrag, sondern überdies als gemeinschaftsbegründender Vertrag betrachtet zu werden[190]. Dieser Betrachtungsweise ist jedenfalls insoweit zu folgen, als die Beteiligten sich u.a. darin einig werden, fortan nur noch zur gesamten Hand verfügungsberechtigt zu sein. Auch die im Rahmen des Gesellschaftsvertrages eingegangene Verpflichtung zur Erbringung beispielsweise einer Sacheinlage ist im Sinne der Bildung von Gesamthandsvermögen gemeint. Es ist insoweit ohne Belang, ob sich Änderungen des Gesamthandsvermögens erst aufgrund besonderer dinglicher Rechtsgeschäfte oder bereits kraft Anwachsung oder infolge Abwachsung ergeben. Erkennt man die für die Geltung des Abstraktionsgrundsatzes maßgebenden Gesichtspunkte an[191], so muß die Überführung eines Grundstückes aus dem Alleineigentum des A in das gesellschaftliche Gesamthandsvermögen von Mängeln des den A zur Übereignung verpflichtenden schuldrechtlichen Rechtsverhältnisse nicht minder unabhängig sein als beispielsweise die Veräußerung desselben Grundstücks an einen Dritten. Es ist nicht einzusehen, inwiefern es betreffs der Entstehung von

---

188 Insofern gerade bewährt sich der numerus clausus der Sachenrechtstypen; hierzu kritisch Heck (Anm. 154), § 23 Nr. 10.

189 Vgl. Anm. 187

190 Vgl. Hueck, Anm. 109, S. 26.

191 Kritisch Westermann, Sachenrecht, 5. Aufl., 1966, S. 24 ff.

Gesamthandseigentum[192] in geringerem Maße als bei der Entstehung von Miteigentum oder von Alleineigentum der Verläßlichkeit der jeweils beabsichtigten dinglichen Rechtslage bedürfte[193]. Auch bei der Entstehung von Gesamthandseigentum kann es, was das Erfordernis eines Konsenses betrifft, bei der Erzielung von Einigkeit hinsichtlich gesamthänderischer Bindung der Gesellschafter bewenden. Ist die Einigung als solche wirksam[194], so kommt es im Hinblick auf den Eintritt der beabsichtigten sachenrechtlichen Rechtslage auf die Wirksamkeit der schuldrechtlichen Elemente des Gesellschaftsvertrages nicht an.

2. Leistungskondiktion

Unter der Abwicklung der fehlerhaften Gesellschaft nach den „allgemeinen Grundsätzen" pflegt insbesondere die Abwicklung der fehlerhaften Gesellschaft nach Bereicherungsrecht verstanden zu werden. Man ist sich, wie mehrfach erwähnt, darin einig, es sei mit den bereicherungsrechtlichen Normen für eine sachgerechte Lösung nicht auszukommen[195]. Nun geht es jedoch aus methodologischen Erwägungen nicht an, die Anwendung eines Rechtsinstituts auf einen Sachverhalt weniger auf die Subsumierbarkeit des Sachverhalts unter den Tatbestand der dieses Rechtsinsitut bildenden Normen als vielmehr auf die „Sachgerechtigkeit" der in diesen Normen angeordneten Rechtsfolgen zu stützen (I 2). Ob der Eintritt einer Rechtsfolge „sachgerecht" ist, sollte nach geltendem Recht entschieden werden können, und welche Rechtsfolgen aufgrund des geltenden Rechts eintreten sollen, läßt sich im allgemeinen aus den diese Rechtsfolgen implizierenden Tatbeständen ersehen.

Wer durch die Leistung eines anderen oder in sonstiger Weise auf dessen Kosten etwas „ohne rechtlichen Grund" erlangt hat, ist ihm nach § 812 I 1 BGB zur Herausgabe verpflichtet. Man hat den Tatbestand des § 812 I 1 BGB

192 Wenn man es insoweit unterläßt, das Gesamthandseigentum mit den andern Eigentumstypen auf eine Stufe zu stellen, so dürfte dies u.a. auf der Systematik des Gesetzes beruhen; weil Gesamthandseigentum verhältnismäßig selten vorkommt und auch insofern inhaltlich von Fall zu Fall (vgl. §§ 705 ff.; 1415 ff.; 2032 ff. BGB) variiert, haben die Verfasser des Gesetzes davon abgesehen, das Gesamthandseigentum isoliert im Sachenrecht zu regeln und diese Regelung sozusagen vor die Klammer zu setzen. Gesamthandseigentum stellt gleichwohl eine von mehreren Arten von Eigentum dar, und nur hierauf kommt es hinsichtlich der Anwendung des Abstraktionsgrundsatzes an.

193 So erklärt es sich ja auch, daß man beispielsweise anläßlich der Einbringung eines Grundstücks seitens eines Gesellschafters die Einhaltung der für eine Grundstücksübertragung geltenden Formvorschriften verlangt; vgl. Anm. 186.

194 Vgl. Flume (Anm. 65), S. 101.

195 Vgl. Anm. 194

als allgemeines Ausgleichsprinzip[196] oder gar als Recht höherer Ordnung[197] zu interpretieren versucht. Derartigen Versuchen ist namentlich v. Caemmerer[198], und zwar vor allem im Anschluß an Arbeiten Wilburgs[199], mit überzeugender Begründung entgegengetreten. Die bereicherungsrechtlich zu behandelnden Fälle gehören in der Tat zu voneinander scharf zu unterscheidenden Gruppen[200]. Was insbesondere die im Empfang einer Leistung bestehende ungerechtfertigte Bereicherung angeht, so erfüllt der entsprechende Erstattungsanspruch weithin ähnliche Funktionen wie beispielsweise ein Rückabwicklungsanspruch infolge Wandlung (§§ 459, 462, 467, 346 ff. BGB)[201]. Es handelt sich, wie v. Caemmerer[201] treffend bemerkt, um eine Ergänzung sowie um ein Störungskorrektiv des Rechts der Güterbewegung. Die Leistungskondiktion folgt denn auch vielfach eigenen Gesetzen, und dieser Gesichtspunkt scheint bei der allgemeinen Einigkeit über die Sachwidrigkeit einer bereicherungsrechtlichen Lösung nicht genügend berücksichtigt zu werden.

Ob der Eintritt einer Bereicherung auf dem Empfang einer Leistung beruht, ist beispielsweise im Hinblick auf das aus der Formulierung des § 812 I 1 BGB („auf dessen Kosten") herausgelesene Erfordernis der Unmittelbarkeit der Vermögensverschiebung von Bedeutung[202]. Es liegt nahe, die Besonderheit der Leistungskondiktion auch in der Art sowie im Umfang der zu erstattenden Bereicherung zum Ausdruck kommen zu lassen. Was vor allem die innere Verwandtschaft der Leistungskondiktion mit den Rücktrittsvorschriften betrifft, so ist eine Anwendung der in diesen Bestimmungen niedergelegten legislatorischen Wertung in folgendem Sinn zu erwägen.

Hinsichtlich der Vorschrift des § 818 II BGB ist strittig, ob sich der durch den Bereicherten zu ersetzende Wert nach dem sogenannten „Verkehrswert" bemesse, also nach dem Wert, den das Erlangte „nach seiner objektiven Beschaffenheit für jedermann" habe, oder aber nach dem Wert des Erlangten

---

196 In diesem Zusammenhang pflegt ein Satz des Pomponius angeführt zu werden: „Iure naturae aequum est neminem cum alterius detrimento et iniuria fieri locupletiorem" (D 50.17.206). – Um eine allgemeine Formel hat sich insbesondere das RG bemüht; vgl. etwa RGZ 120, 299 f.

197 So aber Stammler, Zur Lehre von der ungerechtfertigten Bereicherung, Festschr. f. Fitting, 1903, S. 153 ff.

198 Bereicherung und unerlaubte Handlung, Festschr. für Ernst Rabel, 1954, S. 333 ff. (337 ff.).

199 Die Lehre von der ungerechtfertigten Bereicherung nach österreichischem und deutschem Recht, 1934; hinsichtlich der Thesen Stammlers siehe Anm. 197, S. 21.

200 Vgl. insoweit auch Anm. 198, S. 376 ff.

201 Anm. 198, S. 342.

202 Vgl. insoweit die klare Darstellung des Problemstandes bei Fikentscher (Anm. 152), § 99 II 1.

für gerade diesen oder jenen Empfänger. Was die Leistung des Empfangenen wert war, läßt sich nun aber kaum besser bestimmen als anhand des von ihm möglicherweise dafür erbrachten Entgelts. So ist es denn auch nicht verwunderlich, daß die in Geld vereinbarte Gegenleistung im Fall des vertraglich vorbehaltenen Rücktritts bei der Bemessung des Wertes geleisteter Dienste oder eine Gebrauchsüberlassung gegenüber dem „Verkehrswert" den Vorzug genießt: „Für geleistete Dienste sowie für die Überlassung der Benutzung einer Sache ist der Wert zu vergüten oder, falls in dem Vertrag eine Gegenleistung in Geld bestimmt ist, diese zu entrichten" (§ 346 S. 2 BGB). Es kann natürlich sein, daß der für das Fehlen einer „causa" verantwortliche Mangel das betreffende Schuldverhältnis gerade mit Hinsicht auf das Verhältnis von Leistung und Gegenleistung ergreift. Ist dies dagegen nicht der Fall, so dürfte es nicht unvertretbar sein, die Anwendung des § 818 II BGB jedenfalls *insoweit, als es um die Rückerstattung von Leistungen geht*, an der Bestimmung des § 346 S. 2 BGB zu orientieren. Was insbesondere die Abwicklung der fehlerhaften Gesellschaft angeht, so pflegt die Ansicht der Beteiligten, für wie wertvoll sie ihre Mitarbeit sowie ihre sonstigen Beiträge halten, typischerweise im „Verhältnis der Kapitalanteile" (vgl. § 155 I HGB) zum Ausdruck zu gelangen. Nach diesem Verteilungsschlüssel ist daher der Ausgleich vorzunehmen[203], es sei denn das Zustandekommen *gerade des genannten Schlüssels durch den zur Unwirksamkeit des gesellschaftsrechtlichen Rechtsverhältnisses führenden Mangel bestimmt.*

Folgt man der soeben vorgeschlagenen Lösung, so fallen die so sehr beklagten praktischen Schwierigkeiten einer bereicherungsrechtlichen Lösung weitgehend hinweg. Der Grundgedanke dieser Lösung ist übrigens mit einem im Deliktsrecht immer mehr berücksichtigten Gesichtspunkt, nämlich mit dem des Rechtswidrigkeitszusammenhanges[204], verwandt. Es kommt darauf an,

203 Die durch mehrere Personen kraft Zusammenschlusses zu einem gemeinsamen Handelsgewerbe tatsächlich geschaffene Vermögensgemeinschaft erfordert nach Auffassung des BGH „eine Berücksichtigung dahin, daß sich die Auseinandersetzung dieser Vermögensgemeinschaft auch unter Beachtung der rechtlichen Gesichtspunkte vollzieht, nach denen die Parteien diese Vermögensgemeinschaft zuvor tatsächlich gestaltet haben" (BGHZ 3, 285 [289]). Besser läßt sich der der Vorschrift des § 346 S. 2 BGB zugrunde liegende Gedanke kaum verallgemeinern, und es hätte nahegelegen, die Behandlung der fehlerhaften Gesellschaft weniger an den auf zukünftiges Verhalten bezogenen vertragsrechtlichen Normen als vielmehr an dem mit den Vorschriften über den Rücktritt verwandten Recht der Leistungskondiktion zu orientieren. Gerade mit Hilfe der Verallgemeinerung der in § 346 S. 2 BGB enthaltenen Regel läßt sich die hier vorgeschlagene Differenzierung bei der Anwendung des § 818 Abs. 2 BGB rechtfertigen. Die auf Fakten gestützte Fiktion des Bestehens eines wirksamen gesellschaftsrechtlichen Rechtsverhältnisses stellt keineswegs die einzige Möglichkeit für eine Berücksichtigung der von den Parteien „tatsächlich gestalteten Vermögensgemeinschaft" dar.

204 Vgl. hierzu namentlich Esser (Anm. 126, § 45.

das von den Beteiligten für angemessen erachtete Wertverhältnis jeweils nur insoweit zu modifizieren, als der für das Fehlen einer causa maßgebende Mangel in concreto reicht. Was die Bewertung rechtsgrundlos erbrachter Leistungen betrifft, so hat der einzelne den Schuldvertrag ergreifende Mangel im Zweifel nicht die Unbeachtlichkeit des gesamten Schuldverhältnisses (vgl. dagegen § 139 BGB), im Zweifel also insbesondere nicht die Gültigkeit des vereinbarten Verteilungsschlüssels, zur Folge. Das Ausmaß des Eingriffes in die vertragliche Regelung ist, mit anderen Worten, der Begrenzung durch die tatsächliche Tragweite des zur Fehlerhaftigkeit der causa führenden Mangels bedürftig[205].

Sofern die Vorschrift des § 346 S. 2 BGB überhaupt in Zusammenhang mit der fehlerhaften Gesellschaft gebracht worden ist, so ist dies in einem ganz anderen Sinn geschehen; ist doch angenommen worden, es habe der Gesetzgeber im Falle geleisteter Dienste sowie bei Überlassung der Benutzung einer Sache „von der rückwirkenden Kraft des Rücktritts eine wichtige und charakteristische Ausnahme machen müssen“[206]. § 346 S. 2 BGB bedeute „einen Verzicht auf die schuldrechtliche Rückwirkung“[206]. Durch diese Formulierungen wird die These, es könne streng genommen eine schuldrechtliche Rückwirkung nicht geben, lediglich bestätigt. Die Wirkungen des Rücktritts unterscheiden sich von den Wirkungen der Kündigung nicht etwa durch den Zeitpunkt ihres Eintritts. Der Unterschied ist vielmehr ausschließlich in der Verschiedenheit ihres Inhalts zu sehen. Die Vergangenheit ist lediglich insoweit von Belang, als es sich darum handeln kann, den Inhalt der Ausgleichsforderung vermittels des Vergleichs des tatsächlichen vergangenen Geschehens mit einem hypothetischen vergangenen Geschehen zu bestimmten (II 3).

Auch im Hinblick auf den Schutz des Vertrauens der Beteiligten in das Bestehen des die erbrachten Leistungen rechtfertigenden gesellschaftsrechtlichen Rechtsverhältnisses bildet das Bereicherungsrecht den systematisch angemessenen Rahmen. Es ist kein Zufall, daß v. Caemmerer[207] die sogenannte „Saldotheorie“ mit den betreffs der „faktischen“ Gesellschaft ausgebildeten Grundsätzen in Zusammenhang bringt. Wie bei der Liquidation der „faktischen“ Gesellschaft, so hätten wir auch „in der Saldotheorie den Gedanken vor uns, daß es sich um die Rückabwicklung eines faktisch durchgeführten Vertragsverhältnisses handelt“. Deshalb sei es „dem Vertragspartner nicht erlaubt, seine eigene Leistung isoliert zurückzuverlangen, wenn er selbst das Empfangene wegen Wegfalls der Bereicherung nicht mehr

205 Eine Anwendung dieser Grundsätze hätte insbesondere im Fall BGHZ 41, 282 (288 f.) nahegelegen.

206 Vgl. Siebert (Anm. 62, S. 54; siehe bereits Beitzke (Anm. 150), S. 6, 20 f.

207 Anm. 198, S. 386.

herausgeben könnte". Auf diese Weise kommt ähnlich wie bei der für das Schadensersatzrecht ausgebildeten Differenztheorie eine Gesamtliquidation zustande.

Was insbesondere den zur Errichtung einer Gesellschaft geschlossenen Vertrag angeht, so haben wir es zwar nicht mit einem Austauschvertrag in dem Sinn zu tun, daß die von einem Gesellschafter erbrachte Leistung unmittelbar in das Vermögen des oder der weiteren Beteiligten fließt und umgekehrt. Gleichwohl ist auch der Gesellschaftsvertrag synallagmatischer Natur[208]. Die Gesellschafter pflegen ihren Beitrag nicht aus Menschenfreundlichkeit zu leisten, vielmehr deshalb, weil auch die übrigen Beteiligten Leistungen erbringen und weil durch die Leistungen jeweils sämtlicher Beteiligter ein vorerst zwar „gemeinsamer" (§ 705 BGB), letztlich jedoch ein wiederum den individuellen Vorteil fördernder Zweck, erreicht werden soll. Der die Saldotheorie bestimmende Gedanke trifft insoweit auch auf die Gesellschaft zu. Er bedeutet, was die Abwicklung der fehlerhaften Gesellschaft betrifft, daß sich „die Verpflichtung zur Herausgabe oder zum Ersatze des Wertes" nicht hinsichtlich der isoliert betrachteten Beiträge, sondern hinsichtlich des gesamten Gesellschaftsvermögens *auf die tatsächlich noch vorhandene Bereicherung beschränkt* (§ 818 III BGB).

Fassen wir nunmehr die für § 818 II BGB und § 818 III BGB gewonnenen Ergebnisse zusammen, so steht im Fall der OHG nichts mehr im Weg, bei dem noch vorhandenen Gesellschaftsvermögen anzusetzen (§ 818 III BGB) und den Ausgleich sodann anhand des Verhältnisses der Kapitalanteile (§ 155 I HGB; vgl. §§ 818 II, 346 S. 2 BGB) vorzunehmen. Ähnlich ist bei der BGB-Gesellschaft ein nach Berichtigung der gemeinschaftlichen Schulden und Rückerstattung der Einlagen verbleibender Überschuß nach dem Verhältnis der Gewinnanteile (§ 734 BGB) zu verteilen. Werden bei der Bestimmung des Verteilungsschlüssels Beiträge berücksichtigt, die tatsächlich noch nicht erbracht worden sind, so vermindern sich die Bereicherungsansprüche der insoweit nicht „entreicherten" Gesellschafter entsprechend. Bedarf der Verteilungsschlüssel aus anderen Gründen der Korrektur, beispielsweise deshalb, weil die Vereinbarung über die Gewinnanteile auf einer arglistigen Täuschung von seiten eines der Beteiligten beruht, so verdient der das Fehlen der causa kennende Täuschende nicht den durch § 818 III BGB beabsichtigten Schutz (§§ 123 I, 142 I, 142 II, 819 I, 818 IV, 292 I, 987, 989 BGB). Nicht zuletzt im Hinblick auf den Minderjährigenschutz kann an Überlegungen angeknüpft werden, die auch insoweit gerade im Bereich des Bereicherungsrechts längst angestellt worden sind[209].

Es konnte nicht die Absicht dieser Untersuchung sein, auf sämtliche der sich

208 Vgl. Anm. 109.

209 Vgl. etwa Erman (Seiler), Bem. 1 a) zu § 819 BGB[4].

im Zusammenhang mit der rechtlichen Beurteilung fehlerhafter Gesellschaften ergebenden Zweifelsfragen eine Antwort zu geben. Wir haben es, was beispielsweise die Problematik des mehr als zweiseitigen Vertrages, des mehr als zweiseitigen Schuldverhältnisses sowie des Verhältnisses zwischen derartigen Verträgen und derartigen Schuldverhältnissen (III 4, IV 3) betrifft, mit elementaren privatrechtlichen Fragen zu tun, die sich keineswegs nur bei der Behandlung fehlerhafter Gesellschaften stellen. Worauf es ankam, war vielmehr zunächst der prinzipielle Nachweis, daß die „an sich" einschlägigen allgemeinen Grundsätze gerade jenen Wertungen zum Durchbruch verhelfen, um deren willen man das gesetzliche System geglaubt hatte, verlassen zu müssen. Worauf es ankam, war sodann der Versuch, die Überlegenheit einer an der Systematik des Gesetzes ausgerichteten Lösung anhand der Entscheidung einiger konkreter Fragen sichtbar zu machen (vgl. insoweit beispielsweise III 3, III 4). Mit der Behandlung einer konkreten Frage soll diese Analyse auch schließen. Es handelt sich um das bereits erwähnte (I 2) Problem, ob die Mitglieder einer fehlerhaften Gesellschaft ein Recht auf die Erstattung noch in natura vorhandener Einlagen haben[210].

Ein solches Recht ist in die allgemeinen Vorschriften über die Auseinandersetzung wirksam zustande gekommener Gesellschaften nicht einzuordnen[211]. Haben sich die Beteiligten rechtsgültig zur Erreichung eines gemeinsamen Zwecks zusammengetan, so haben sie bei der Einbringung von Sacheinlagen davon ausgehen müssen, es seien diese Einlagen fortan nur noch „Mittel zum Zweck", nämlich vollauf der Erreichung des Gesellschaftszwecks unterworfen. Demgegenüber ist es Funktion des durch die Fehlerhaftigkeit des Gesellschaftsvertrages ausgelösten Bereicherungsrechts, die Beteiligten nach Möglichkeit so zu stellen, als hätten sie die Erbringung der sine causa erbrachten Leistungen unterlassen (II 3)[212]. Der Bereicherte hat den „Wert" nach § 818 II BGB nur dann zu ersetzen, wenn „die Herausgabe wegen der Beschaffenheit des Erlangten nicht möglich oder ... der Empfänger aus einem anderen Grunde zur Herausgabe außerstande" ist. Was daher den eingangs (I 2) gebildeten Fall der auf arglistiger Täuschung des Besitzers des „Bugatti" beruhenden Gründung eines gemeinsamen Antiquitätenhandels anbelangt, so hat der Getäuschte im Rahmen des bereicherungsrechtlichen Ausgleichs einen Anspruch darauf, den von ihm seit Jahren sorgsam gepflegten Old-Timer in natura erstattet zu bekommen. Würde ein Gesellschafter aufgrund der Naturalerstattung mehr erhalten, als ihm per saldo gebührt, so kann er die Einlage allerdings nur dann in natura erstattet verlangen, wenn er die Differenz ersetzt.

210 Vgl. Anm. 31, 32
211 Vgl. Anm. 34
212 Vgl. Heck (Anm. 109), S. 429.

Daß sich die hier vorgeschlagene bereicherungsrechtliche Lösung durchaus mit der Möglichkeit verträgt, betreffs der Auflösung der OHG eine entsprechende gerichtliche Entscheidung (vgl. §§ 133, 131 Nr. 6 HGB) zu verlangen, sei lediglich der Klarheit halber vermerkt[213]. Es bedarf insbesondere nicht der Konstruktion einer in der Vergangenheit wirksamen Gesellschaft, um dem als „Gestaltungsurteil" qualifizierten Auflösungsurteil sozusagen die erforderliche Angriffsfläche zu verschaffen[214]. In der die Gesellschaft auflösenden Entscheidung ist tatsächlich mehr als eine richterliche Feststellung, nämlich die Feststellung der Fehlerhaftigkeit des gesellschaftsrechtlichen Rechtsverhältnisses, nicht enthalten[215]. Jedoch auch eine solche Feststellung kann als Voraussetzung für den Beginn der Auseinandersetzung fungieren.

---

213 Bedarf es bereits im Hinblick auf die „Wichtigkeit" des eine Kündigung tragenden Grundes eines gerichtlichen Urteils, so wird man betreffs der Frage, ob die Gesellschaft überhaupt rechtswirksam zustande gekommen ist, klarheitshalber erst recht eine richterliche Entscheidung verlangen.

214 Die Auflösung einer in Wahrheit rechtsunwirksamen Gesellschaft durch gerichtliche Entscheidung ist ebensowenig ein „Schlag ins Wasser" (vgl. Bruns, Zivilprozeßrecht, 1968, S. 390) wie beispielsweise die – fraglos zulässige – Anfechtung eines ohnehin nichtigen Rechtsgeschäftes"; siehe diesbezüglich Kipp, Über Doppelwirkungen im Recht, Festg. g.v. Martitz, 1911, 211 ff., 224 ff.

215 Dies wird an anderer Stelle darzulegen sein.

VI. Ergebnis

Trotz der Abkehr von der Lehre von der „faktischen" Gesellschaft (I 1) scheint die rechtliche Beurteilung der fehlerhaften Personalgesellschaft nach wie vor ein Beispiel für die normative Kraft tatsächlicher Notwendigkeiten zu sein (I 2).

Die Lehre Haupts wird allerdings insofern, als es um die Ersetzung von Verträgen durch schlichte Tatsachen geht (II 1), heute überwiegend abgelehnt. Das Faktum des Vollzugs der Personalgesellschaft scheint indes in einer anderen Hinsicht normative Kraft (II 2) zu wirken, und zwar insoweit, als man davor warnt, Geschehenes rechtlich ungeschehen zu machen. Was diese Warnung betrifft, so wird übersehen, daß es die Möglichkeit einer – wie der BGH einmal formuliert – „nach rückwärtshin" sich auswirkenden Vernichtung eines Rechtsgeschäfts nicht gibt. Es handelt sich vielmehr darum, daß es im Hinblick auf die Bestimmung einer ex nunc wirkenden Rechtsfolge erforderlich sein kann, das tatsächlich vergangene Geschehen mit einem hypothetischen vergangenen Geschehen zu vergleichen (II 3). Eines derartigen Vergleichs bedarf es insbesondere anläßlich der Handhabung von Bereicherungsrecht.

Die mit dem Begriff der Vernichtung ex tunc zusammenhängenden Vorstellungen haben zunächst den Irrtum verursacht, es setze der Schutz dritter Personen die Annahme einer „Scheingesellschaft" voraus (III 1). Beschränkt man sich demgegenüber darauf, die fehlerhafte Gesellschaft lediglich so anzusehen, als wäre ein Gesellschaftsvertrag „nicht" abgeschlossen worden, so ist dies betreffs der rechtlichen Beurteilung von Rechtsgeschäften mit Dritten regelmäßig ohne Belang. Der Tatbestand des § 427 BGB setzt das Bestehen eines Schuldverhältnisses zwischen den sich verpflichtenden Personen nicht voraus (III 2). Setzt man zum Zweck des Schutzes der Interessen Dritter anstatt an dem zwischen den Gesellschaftern abgeschlossenen Gesellschaftsvertrag an dem jeweils mit dem Dritten eingegangenen Rechtsgeschäft an, so lassen sich sowohl bezüglich des guten Glaubens des Dritten (III 3) als auch hinsichtlich der Haftbarkeit der Restgesellschaft (III 4) differenziertere Resultate als bislang erzielen.

Was die internen Beziehungen der Mitglieder der fehlerhaften Gesellschaft anbelangt, so lassen sich die von der vorherrschenden Lehre als „sachgerecht" angesehenen Ergebnisse vermittels verschiedenartiger Eingriffe in die gesetzliche Ordnung begründen (IV 1). Es kommt darauf an, von diesen Konstruktionen die mit dem Gesetz am ehesten verträglichen zu wählen („geringstmöglicher Gesetzeseingriff"). Dies vorausgesetzt, kann weder eine Abweichung vom Schuldvertragsprinzip (IV 2) noch vom allgemeinen Vertragsrecht (IV 3) im Grundsatz befürwortet werden. Die Lösung ist vielmehr auf der Grundlage des Bereicherungsrechts (V) zu gewinnen, und wir haben es denn auch, was namentlich die Lehre von den Nichtigkeitsbeschränkungen betrifft, mit nichts anderem als einem in den Mantel des Vertragsrechts gehüllten Kondiktionsrecht scheinbar höherer Ordnung zu tun.

Die sich aufgrund der „allgemeinen Grundsätze" ergebende Rechtslage ist nicht so kompliziert, wie man dies allgemein behauptet. Die Anwendung des Abstraktionsgrundsatzes führt zur Entstehung von Gesamthandsvermögen (V 1). Die fehlerhafte Gesellschaft ist, was das Bereicherungsrecht betrifft, nach den Regeln der Leistungskondiktion zu behandeln; aufgrund einer entsprechenden Anwendung des § 346 S. 2 BGB auf den „Wert" der zurückzuerstattenden Leistung (§ 818 II BGB) sowie vermittels einer an mehr als zweiseitigen Schuldverhältnissen orientierten Fortbildung der „Saldotheorie" (vgl. § 818 III BGB) sind Resultate begründbar, welche weithin denen der herkömmlichen Lehre entsprechen, diese jedoch im Detail (Anspruch auf Erstattung von Einlagen in natura) übertreffen (V 2).